U0560237

Smart Warehousing and
Inventory Management

数智化仓储管理 与库存控制

叶彩鸿　赵　丹 ◎主编

ZHEJIANG UNIVERSITY PRESS
浙江大学出版社
·杭州·

图书在版编目（CIP）数据

数智化仓储管理与库存控制 / 叶彩鸿，赵丹主编.

杭州：浙江大学出版社，2025.7. -- ISBN 978-7-308

-26463-1

Ⅰ．F253

中国国家版本馆 CIP 数据核字第 2025KW1986 号

数智化仓储管理与库存控制
SHUZHIHUA CANGCHU GUANLI YU KUCUN KONGZHI

叶彩鸿　赵　丹　主编

责任编辑　陈丽勋
责任校对　朱　辉
封面设计　春天书装
出版发行　浙江大学出版社
　　　　　（杭州市天目山路148号　邮政编码310007）
　　　　　（网址：http://www.zjupress.com）
排　　版　杭州林智广告有限公司
印　　刷　杭州宏雅印刷有限公司
开　　本　787mm×1092mm　1/16
印　　张　15.5
字　　数　286千
版 印 次　2025年7月第1版　2025年7月第1次印刷
书　　号　ISBN 978-7-308-26463-1
定　　价　48.00元

随着全球经济一体化程度的加深，市场竞争日趋激烈，传统仓储管理面临着诸多挑战，如需求预测的不确定性、供应链的复杂性、劳动力成本的上升，以及客户对服务响应速度的更高要求。面对这些挑战，数智化转型就成为必然选择。

当前市面上仓储管理与库存控制类的教材，主要内容一般包括仓储业务流程管理、安全管理、保管养护、经营与成本管理、仓储规划与设计、独立需求的库存控制、相关需求的库存控制、供应链库存管理等。但在物流数智化的发展趋势下，行业对上述相关知识内容提出了一些新要求，比如：数智化环境下如何进行业务流程设计与管理？如何利用数智化技术实现安全管理、保管养护、经营与成本管理？如何结合数智化流程进行仓储规划与设计？如何利用大数据进行库存的智能化控制？如何进行智能化仓储系统的绩效评估？本书主要围绕数智化物流的发展特点与要求，讨论在数智化条件下仓储管理与库存控制的理论、方法及其应用。

本书主要包括绪论、仓储业务流程及其数智化管理、仓储安全管理与物品养护、仓储经营模式与成本管理、已知需求的库存控制模型、未知需求的库存控制模型、相关需求的库存控制、供应链库存管理、仓储规划与设计、仓储与库存管理的绩效评估共10章内容。在每一章的后面有课后思考题，方便教师教学与学生学习。

本书由叶彩鸿、赵丹主编，具体编写分工如下：第1～2章由赵丹编写，第3～10章由叶彩鸿编写。本书在编写过程中借鉴了本领域的一些优秀著作、教材、研究成果与相关案例，在此向有关作者和单位致以诚挚的谢意。

由于编者水平有限，书中难免存在不足之处，恳请广大读者和专家批评指正。

编者

2025 年 6 月

C O N T E N T S 目 录

第 1 章
绪论

  本章主要对仓储管理、仓储技术、库存、库存控制方法进行概述。了解这些内容是很有必要的，能为后面的学习奠定基础。

1.1 仓储管理概述

在物流系统中，仓储是一个不可或缺的构成要素，仓储是商品流通的重要环节之一，也是物流活动的重要支柱。仓储连接生产、供给与销售，既是供应链系统的节点，又是现代物流的重要环节。下文将介绍仓储的含义、仓储业的产生与发展，以及仓储的功能。

1.1.1 仓储的含义

从"仓储"的字面意思看，"仓"即仓库（warehouse），为存放、保管储存物品的建筑物和场地的统称，可以是房屋建筑、洞穴、大型容器或特定的场地等，具有存放和保护物品的功能。"储"即储存、储备，表示收存以备使用，具有收存、保管、交付使用的意思。我国国家标准《物流术语》（GB/T 18354—2021）中关于仓储的定义是：利用仓库及相关设施设备进行物品的入库、储存、出库的活动。

仓储可分为静态仓储和动态仓储。当产品不能被及时消耗，需要专门场所存放时就产生了静态的仓储。而将物品存入仓库以及对存放在仓库里的物品进行保管控制时，提供使用等管理则形成了动态的仓储。

传统的仓储作业活动是指利用相关设施设备对各类物资进行入库、储存、出库、盘点等作业，现代仓储在传统仓储的基础上增加了库内加工、分拣、库内包装等作业环节。

1.1.2 我国仓储业的发展

仓储业是指为客户提供整个供应链中货物存储、管理及短距离配送等物流服务的一种行业。它通过对商品的收、存、组合、配送等环节的协调与管理，实现供应链的优化，提高运作效率和服务质量，进而为客户提供最优的物流解决方案。仓储服务，是指利用仓库、货场或者其他场所代客储放、保管货物的业务活动。其范围应当包括各种类型的仓储服务，例如普通仓储服务、冷冻仓储服务、保税仓储服务等。

我国仓储业主要经历了以下发展过程。

（1）中国古代仓储业

中国最早的商业仓库为《中国通史》上记载的"邸店"。唐初期以后，邸店除堆放货物外，也兼住商客。商客带着货物住进邸店后，邸店主人与牙人为商客做中间人，将货物卖出，或再购买货物。这样邸店又发展为客商交易的场所，具有仓库、旅舍、商店等多种性质。邸店收取邸值（栈租）。由于获利丰厚，唐中期以后，贵族官僚和寺观也纷纷开设邸店，于是邸店大量涌现。随着商业的发展，宋代许多城市都有邸店，宋诗"邸店如云屯"形容旅店业兴旺，南宋时临安邸店大为兴盛。明代，政府曾将邸店官营，于两京设立塌房，"塌房"作为一个专门储存商品的企业性质商业仓库从邸店中分离出来，成为最初带有企业性质的商业仓库。

（2）中国近代仓储业

近代中国的商业性仓库称为堆栈或堆场，是指堆存和保管货物的场地。民国前仓储业主要是洋商仓储，大多始于码头仓储。旧中国的堆栈业，按其业务性质和主要服务对象来分，有码头堆栈、铁路堆栈、保管堆栈、厂号堆栈、金融堆栈和海关堆栈等六类。仓库中大量的装卸、搬运、堆码、计量等作业都是由人工作业完成的。因此，仓库不仅占用了大量的劳动力，而且劳动强度大、劳动条件差。

（3）机械化阶段的仓储业

20世纪初期，中国仓储业开始有机械化应用。当时最先进的洋商仓储是上海蓝烟囱码头仓库，由蓝烟囱轮船公司投资并兴建仓库11座，其中四层楼仓库2座，由钢筋混凝土建成，内设2台升降机，仓库四周安装防火设施，是当时设施最先进的仓库，标志着我国进入机械化仓储业的起步阶段。在机械化仓储阶段，可以通过人工操作输送车、机械手、吊车、堆垛机和升降机等搬运工具移动和搬运物品，用货架托盘与可移动货架存储物品，用限位开关、螺旋机械制动和机械监视器等控制设备的运行。

（4）自动化、网络化阶段的仓储业

20世纪50年代末至60年代，随着计算机开始应用于经济管理领域，自动化导引小车（automated guided vehicle，AGV）、自动货架、自动存取机器人、自动识别和自动分拣等系统研制成功并开始应用于仓储业。到了20世纪70—80年代，旋转体式货架、移动式货架、巷道式堆垛机和其他搬运设备都加入了自动控制的行列。在这个阶段，虽然各个设备都能够实现局部的自动化并各自独立应用，但由于这些设备之间缺少信息的沟通，因而形成了一个个"自动化孤岛"。在20世纪80年代，随着计算机技术的普及，企业开始尝试通过计算机技术实现业务流程的自动化，"自动化孤岛"通过集成化，形成了统一的集成化系统。在集成化系统中，整个系统的有机协作使总体效益和应变能力大大超过各部分独立运作效益的总和。除硬件外，随着计算机技术尤其是数据库技术的应用，"进销存管理系统"也于20世纪80年代初孕育而生，其基本功能就是管理仓库内部作业，包括入库、组盘、货位、拣选、发货、盘点、退货等。

随着互联网技术的发展，仓储业逐渐进入网络化时代，仓库之间可以通过互联网实现实时的信息共享与协同操作。例如，仓库可以通过互联网与供应商和客户进行实时订单处理，一些仓库管理系统（warehouse management system，WMS）可提供网络化的多仓库多货主多客户的仓储管理解决方案，包括精细化的库内作业管理、业务流程高可配置性、计费引擎、运营可视化分析。但这个阶段的仓储业务流程还是依赖人工干预，需要通过人工进行订单处理与协同操作。

（5）数字化、智能化、云仓网络化阶段的仓储业

数字化仓储主要是以物联网、大数据为核心技术，通过可编程无线扫码对仓库到货检验、入库、出库、调拨、移库移位、库存盘点等各个作业环节的数据进行自动化数据采集，保证企业及时准确地掌握库存的真实数据，高效地跟踪与管理客户订单、采购订单及仓库等信息，从而最大限度地提升仓库管理效率和效益。

智能化仓储是指采用先进的科学技术和智能化系统来实现仓库管理和物流运作。通过集成物联网、人工智能、大数据分析等技术，智能仓储系统可以自动化、智能化地完成仓库内物品的储存、分拣、配送和管理等工作，提高仓库的效率和准确性。在智能仓库中，智能仓储管理系统会自动接收、识别、分类和提取物品；自动接收客户订单，之后自动确认产品是否有库存，再自动将提货清单发送给机器人推车，将订购的产品放入容器，然后将它们交给工人进行出库作业，整个过程不再依赖人工。

云仓（cloud warehouse）是指通过云计算平台将不同地点的仓储设施连接起来，形成一个统一的、虚拟化的仓储网络。这个网络中的各个仓库可以共享资源与信息，并且能够根据实际需求动态分配存储空间。云仓网络是电商蓬勃发展和新零售背景下的真实需求，面对急速变化的市场环境，建立云仓是商家实现全局库存战略分布的解决方案。2013年，"云仓"的概念开始被提出，各大电商巨头纷纷开始筹划布局云仓建设，陆续搭建自己的物流配送体系，利用人工智能、云计算等新技术提高仓储、运输、分拨配送等物流环节的自动化、智慧化水平，推动降本增效提质。比如阿里、京东、苏宁等已经开始了云仓储战略的实施。云仓网络模式可分为三种：第一种是自建云仓网络，例如京东、苏宁；第二种是自建云仓加资源整合的

混合型模式，例如菜鸟；第三种是共享垂直云仓，由行业内多家云仓企业共同完成，建立一个云仓联盟，适应不同场景和不同层级的仓配服务需求。

1.1.3 仓储的功能

仓储不仅有储存货物的功能，还有保管养护、流通加工、整合、分类、转运、树立企业市场形象等功能。

（1）储存功能

仓储可以有效衔接上游生产和终端消费，在物流系统中起到"蓄水池"与"调节阀"的作用，仓储的这种功能称为储存功能。对于生产环节来说，当生产线上下工序节拍不一致，或因优化生产成本的需要存在生产或采购批量时，会产生仓储需求；适当的原材料、半成品的储存，可以防止缺货造成的生产停顿，减少库存相关成本。对于销售环节来说，生产与销售呈现季节性特征时，也会产生仓储需求，这种季节性储存可以为企业创造新的市场销售机会。

（2）保管养护功能

产品在消费之前应保持其使用价值，在仓储过程中需要对产品进行有效的保管养护，根据储存物品的特性配备相应的设备，以保持储存物品的完好性，防止损坏而丧失价值。例如，储存挥发性溶剂的仓库，必须设有通风设备，以防止空气中挥发性物质含量过高而引起爆炸。储存精密仪器的仓库，需防潮、防尘、恒温，因此应设置空调、恒温等设备。储存粮食的仓库，因为粮食容易受潮发霉，从而降低其使用价值，所以需要选择适宜的储存场所和养护措施，比如设置特定的温度与湿度。在仓库进行搬运和堆放作业时，需要防止碰坏、压坏物品。

（3）流通加工功能

流通加工是指在物品从生产领域向消费领域流动的过程中，为促进销售、维护产品质量和提高物流效率，对物品进行加工，使其发生物理、化学或形状的变化。加工是物流重要的利润源，例如通过流通加工环节对钢材、玻璃集中下料，可将产品的利用率提高 20% ～ 50%，同时提高加工设备的利用率。在保管物仓储保管期间，保管人根据存货人或客户的要求，对保管物的外观、形状、成分、尺度等进行加工，使仓储物发生所期望的变化。仓储的流通加工包括：为保护产品进行的加工，如对保鲜保质要求较高的水产品、肉产品、蛋产品等食品可进行冷冻加工、防腐加工、保鲜加工等，对金属材料可进行喷漆、涂防锈油等防腐蚀的加工；为适应多样化的加工，如对钢材卷板的舒展、剪切加工，对平板玻璃的开片加工以及将木材改制成方材、板材的加工；为便利消费者的加工，如将木材直接加工成各种型材，可使消费者直接使用；为提高产品利用率的加工，如对钢材、木材的集中下料，搭配套裁，减少边角余料，可节省原材料成本和加工费用等。

（4）整合功能

整合是仓储活动的一个经济功能。通过仓储的整合功能（见图1-1），仓库可以将来自多个制造企业的产品或原材料整合成一个单元，进行一票转运，实现降低运输成本的目的，也可以减少由多个供应商向同一客户供货带来的拥挤和不便。为了有效地发挥仓储的整合功能，每一个制造企业都必须把仓库作为货运储备地点或作为产品分类和组装的设施，这是因为整合装运的最大好处是能够把来自不同制造商的批量货物集中起来形成规模运输，使每一个客户都能享受到低于其单独运输成本的服务。

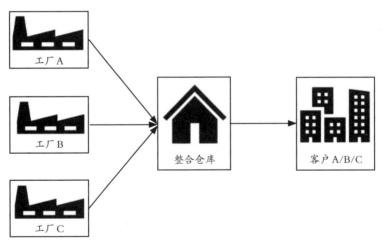

图 1-1　仓储的整合功能

（5）分类功能

仓库的分类功能是指当面向多个客户时，制造商将多个订单进行组合，按组合订单货物总量向仓库发货，仓库将组合订单按单个客户订单进行分类或分割，然后安排适当的运力运送到制造商指定的个别客户（见图1-2）。

（6）转运功能

转运功能是指仓库从多个制造商处运来整车的货物，在收到货物后，按照客户要求进行分类配载，然后运往指定的地点。

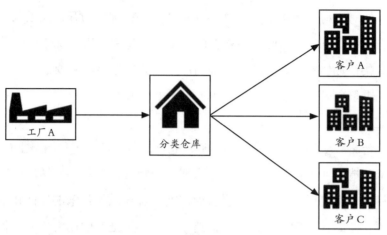

图 1-2　仓储的分类功能

（7）树立企业市场形象的功能

仓储可帮助企业树立市场形象。仓储的设立，可以降低企业缺货率，缩短从货源地发往客户所在地的运输时间，提高客户订单的响应速度，促进企业提升客户服务水平，增强企业的竞争能力，在客户、合作伙伴和社会公众面前树立起一个积极可靠的品牌形象。

（8）传感市场信息的功能

仓储可以准确传递市场信息。仓储量减少、周转量加大，表明社会需求旺盛，反之则为需求不足。厂家存货增加，表明其产品需求减少或竞争力下降或者生产规模不合适。仓储环节所获得的市场信息虽然比销售信息滞后，但往往更为准确和集中，且信息成本较低。现代仓储通过信息技术提高仓储物品信息的传输速度，及时而准确地了解仓储信息，如仓库利用水平、进出库的频率、仓库的运输情况、顾客的需求以及仓库人员的配置等，可以更好地发挥传感市场信息的功能。

（9）信用保证功能

信用保证功能是指由仓库保管出具的货物仓单，是实物交易的凭证，可以作为融资信用保证，进行质押贷款。

（10）现货交易场所的功能

卖方要转让其在某仓库存放的商品时，买方可以直接到该仓库查验商品并取样化验，双方可以在仓库中进行商品所有权交割。国内有很多批发交易市场，既是交易场所又是商品存储场所。

1.2 仓储技术概述

下文主要对条码技术、射频识别技术、物联网技术、传感器技术、云计算技术、大数据技术、人工智能技术进行概述。

1.2.1 条码技术

条码技术是一种自动识别技术，它通过一维或二维的条码符号来表示特定的信息，如字符、数字或其他符号。条码技术的核心在于使用光学扫描设备读取条码符号，并将获取的数据转换为可计算机处理的格式，以此来提高数据采集的效率和质量。条码技术是实现销售点（point of sales，POS）系统、电子商务、供应链管理的技术基础，它是一种高效的物流数据前端采集技术。

（1）物流条码

物流条码是供应链中用以标识物流领域中具体实物的一种特殊代码，是整个供应链过程，包括生产厂家、配销业、运输业、消费者等环节的共享数据。它贯穿整个贸易过程，并通过物流条码数据的采集、反馈，提高整个物流系统的经济效益。

（2）条码技术在库存管理中的应用

条码技术在库存管理中的应用是指将无线网络技术和条码自动识别技术嵌入企业产成品库存管理。在产品入库时，利用扫描设备扫描入库流水线的产品包装条码，记录入库时间以及入库的产品数量，形成产品的入库登记，仓库库存量增加。在产品出库时，按照出库计划，扫描包装箱的条码，检验出库产品的种类、数量等是否与计划出库的产品的信息相吻合，最后完成产品出库操作。在整个存取过程中，应用条码技术可以有效防止产品登记错误的现象，避免产品出现缺漏或者被错拿的现状，提高了产品存货和拣货的准确性。

图1-3为金蝶云·星空WMS利用条码技术进行的入库业务流程。利用条码技术进行仓储管理的每个流程点中，由工作人员操作手持终端（personal digital assistant，PDA）实现出入库的电子化管理，从而提高人工效率，确保库存管理、运输过程的统一性和准确性。

（3）条码技术在仓储配送管理中的应用

配送中心接到送货订单后，将信息汇总，并对配送信息进行分析，决定配送的时间段、路线等。配送中心将货物从仓库中拣出，在装车之前对商品进行扫描，以确保所发送商品的准确性，避免发错商品。在整个发货运输过程中，对商品进行实

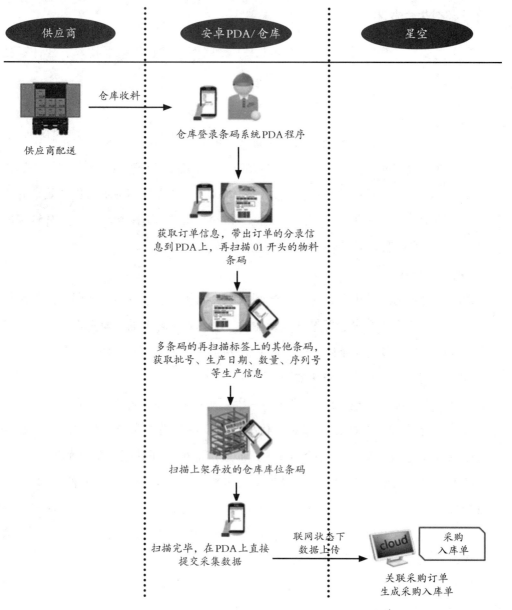

供应商　　　　　安卓PDA／仓库　　　　　星空

仓库收料

供应商配送

仓库登录条码系统PDA程序

获取订单信息，带出订单的分录信息到PDA上，再扫描 01 开头的物料条码

多条码的再扫标签上的其他条码，获取批号、生产日期、数量、序列号等生产信息

扫描上架存放的仓库库位条码

扫描完毕，在PDA上直接提交采集数据

联网状态下数据上传

采购入库单

关联采购订单生成采购入库单

图 1-3　利用条码技术的入库流程（图片来源：金蝶云社区）

时跟踪，每到一个地点，用条码阅读器读取信息，输入计算机，实时监控商品的动态状况，有利于配送中心及时地对商品的运输做出调整。条码和计算机的应用，大大提高了信息的传递速度和数据的准确性，从而可以做到实时物流跟踪，实现仓库的进货、发货、运输过程中的装卸自动化管理，整个配送中心的运营状况、商品的库存量也会通过计算机及时地反映到管理层和决策层。

1.2.2 射频识别技术

射频识别（radio frequency identification，RFID）技术，是一种自动识别技术，通过识别器与标签之间的非接触式数据通信来实现对目标的识别。通过无线通信结合数据访问技术连接数据库系统，实现非接触式的双向通信，从而达到目标识别的目的。RFID的系统组成见图1-4。

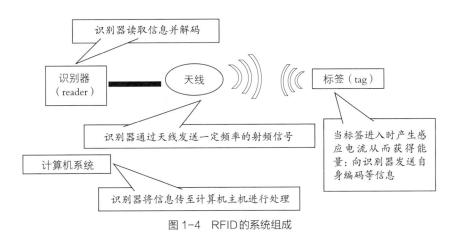

图1-4　RFID的系统组成

RFID技术在仓储业中主要有如下应用。

（1）货物跟踪与管理

给每个货物都绑定一个独特的RFID标签，记录该货物的相关具体信息，通过RFID手持机或智能货架及时记录货物的位置、状态和运输情况，使得仓库管理人员可以准确了解每个货物的位置，从而提高仓库操作效率。

（2）仓库自动化

RFID技术可以与WMS相结合，实现仓库自动化管理。通过在货物上贴RFID标签，仓库管理人员可以实时读取货物信息，并与系统进行数据交互，从而实现自动化的入库、出库和库存管理，提高仓库操作的精确性和效率。

（3）货物快速盘点

通过在货物上绑定RFID标签，仓库管理人员可以用RFID手持机快速批量地识别货物信息，或者利用RFID智能货架，实现一键盘点，快速轻松地盘点所有货物，节省时间和人力成本。

（4）仓库固定资产管理

RFID技术可以应用于仓库内的固定资产管理，如叉车、货架等。通过在资产上贴RFID标签，仓库管理人员可以用RFID手持机实时监控和管理资产的位置与状态，避免资产的遗失和浪费，提高资产利用率和管理效益。

1.2.3 物联网技术

物联网（internet of things，IoT），通过在物品上安装射频识别器、红外感应器、全球导航卫星系统、激光扫描器等传感设备与其他信息处理设备，按照预定的协议，使得这些物品能够与互联网进行连接和信息交互，相当于赋予每个物品一个"身份证"，并进行分类，从而建立起一个全面连接的世界，以实现智能化识别、定位、跟踪、监控和管理。简单地说，物联网就是"物物相连的互联网"。一方面，它以互联网为核心和基础；另一方面，它将互联网的用户端延伸和扩展到任何物品与物品之间的信息交换和通信，是在互联网基础上延伸和扩展的网络。

物联网技术在仓储业中主要有如下应用。

（1）出入库作业流程

RFID、二维码、各类传感器等技术和设备的综合应用，提高了物资出入库过程中的识别率，可不开箱检查，并同时识别多个物资，提高了出入库效率；有效提高了拣选与分发过程的效率与准确率，并加快配送的速度，减少人工，降低配送成本。

（2）库存管理

物联网一体化智能设备，结合先进的系统架构理念，缩短了盘点周期，提高数据实时性，实时动态掌握库存情况，实现对库存物资的可视化管理。

（3）综合管理

综合运用物联网相关技术，可改造现行业务管理流程，实现物资的标准化管理、精细化管理、全寿命管理、信息可追溯以及业务可优化的管理目标。

1.2.4 传感器技术

传感器是一种将各种物理量转换为可被电子设备处理的电信号的设备。传感器可以感知和测量温度、湿度、压力、流量、速度、振动等多种物理量，并将其转化为电信号输出，以实现自动化控制。

传感器技术在仓储业中主要有如下应用。

（1）温湿度传感器

温湿度传感器可以感知仓库内的温度和湿度等环境参数，以实现仓库的环境控制。当温度或湿度超出设定的范围时，传感器会将信号输出至控制系统，以及时实现调控，保证仓库内货物的质量，降低不良品率。

（2）压力传感器

压力传感器可以感知货物的重量，以实现货物的实时监测和重量的自动控制，当货物达到设定的重量时，传感器会将信号输出至控制系统，以实现自动提取或拆分货物，从而有效减少仓库的人力成本。

（3）红外传感器

红外传感器可以感知货物的位置和尺寸，以实现货物的自动提取和归还。当货物进入传感器的监测范围时，传感器会将信号输出至控制系统，以实现货物的自动操作，这不仅可以提高仓库的工作效率，还可以减少人工错误及其带来的损失。

（4）光电传感器

光电传感器可以感知货物的形状和表面特征，以实现货物的分类和分拣。当货物进入光电传感器的监测范围时，传感器会将信号输出至控制系统，以自动启动货物的分类和分拣。与红外传感器一样，光电传感器的应用不仅可以提高仓库的工作效率，也可以减少人工错误及其带来的损失。

1.2.5 云计算技术

云计算（cloud computing）是分布式计算的一种，指的是通过网络"云"将巨大的数据计算处理程序分解成无数个小程序，然后通过多部服务器组成的系统进行处理和分析，最后这些小程序得到结果并返回给用户。早期的云计算就是简单的分布式计算，解决任务分发，并进行计算结果的合并，因而云计算又被称为网格计算。通过这项技术，人们可以在很短的时间内（几秒钟）完成对数以万计的数据的处理，从而实现强大的网络服务。现阶段的云服务已经不单单是一种分布式计算，而是分布式计算、效用计算、负载均衡、并行计算、网络存储、热备份冗杂和虚拟化等计算机技术混合演进并跃升的结果。

云计算技术在仓储业中主要有如下应用。

（1）库存管理

云计算技术可以通过订单需求数据分析、仓库运作流程优化等智能化手段，大大提高仓库库存管理的精度和效率。通过自动化、数字化的智能技术，仓库的库存数据可以被实时监控和集中管理，包括入库、出库、库存水平、可用库存等。在库存量低于特定阈值时，云计算还可以实现自动补货，自动发送补货请求。

（2）货物跟踪

云计算技术可以为货物跟踪提供强大的支持。货物在仓库上架时利用RFID和传感器技术录入仓库与货物信息，之后管理人员可通过云计算技术随时查询货物状态，发现问题并及时纠正。

（3）仓库安全和监控

云计算技术可以将仓库环境监控数据实时上传到云端，并通过数据分析发现异常行为。当然这种监控应该遵从严格的隐私保护和数据安全规则。

（4）配送调度

云计算技术可以实现自动配送调度，通过分析处理大量的数据信息，包括订单信息、路况信息、成本信息、配送人员与车辆信息、配送要求等，对运输路线进行最优化计算并提供给配送人员。如果出现特殊情况，比如延误、交通拥堵等，云计算技术也可以进行实时监测并重新规划路线，自动完成调度任务。

1.2.6 大数据技术

大数据，是指传统数据库管理工具难以处理的数据规模、数据类型和数据速度。大数据技术是指通过工具和技术对大量的、多样化的、高速生成的数据进行收集、存储、处理与分析的一种综合性技术。与传统数据库技术相比，大数据技术具有高效处理大容量数据、支持多样化数据类型和快速数据处理的特点。

大数据技术在仓储业中主要有如下应用。

（1）仓库运营数据分析

大数据技术可以帮助仓储企业对仓库运行数据进行全面分析，揭示其中潜在的规律和问题，通过对入库、出库、库存、退货等数据进行深入挖掘和分析，及时发现业务瓶颈和问题，为管理决策提供科学依据。例如通过分析库存周转率、滞销产品等指标，企业可以及时调整采购计划，降低库存损失。

（2）仓库管理系统的智能化

大数据技术可以帮助仓储企业构建智能化的仓储管理系统，通过对仓库内外环境数据、货物数据及运输数据进行实时监控和分析，实现对仓库库存、货物流动、运输状态等各个环节的精确掌控。同时，智能仓库管理系统还可以利用大数据技术对仓库工作流程进行优化和改进，提高工作效率和质量。

1.2.7 人工智能技术

人工智能（artificial intelligence，AI），是研究开发用于模拟、延伸和扩展人的智能的理论、方法、技术及应用系统的一门新的技术科学，该领域的研究包括机器人、语言识别、图像识别、自然语言处理和专家系统等。

人工智能技术在仓储业中主要有如下应用。

（1）智能货架系统

在仓储系统中，货物放置和管理的效率与准确性非常重要。智能货架系统利用摄像头、传感器等设备对货物进行实时监测和识别，并通过深度学习算法智能地将货物分类并放置于相应的货架。这种系统可以大幅度提高货物的储存密度，减少人为错误，提高仓储效率。

（2）智能机器人拣货

传统的仓储拣货工作往往需要大量人力投入，且不可避免地存在人为错误和低效率的问题；而智能机器人搭载摄像头和传感器，并通过人工智能算法分析与判断货物的位置和属性，在仓储环境中移动，并高效、准确地完成拣货任务，可显著提高仓储作业效率。

（3）智能仓库管理系统

智能仓库管理系统可通过整合人工智能技术和物联网技术，实现对仓库运营全过程的智能化管理。系统可通过传感器和监控设备，实时监控仓库内的环境设备和货物状态。采集并整合数据，通过人工智能算法对仓库运营进行优化和预测，从而提高仓库管理效能和运作效率。

（4）智能调度和路线规划

通过数据分析和人工智能算法，企业可以实时掌握货物的储存和流动情况，准确评估配送部门运力和订单需求，从而优化调度计划和路线规划。智能调度和路线规划不仅能够提高货物的运输效率和速度，还能够降低运输成本，提高仓储的整体竞争力。

（5）智能安防监控系统

仓储业对货物安全和防范盗窃有着严格的要求，传统的安防监控系统依赖人工巡逻和视频监控，存在盲点和延误的问题。而智能安防监控系统则是通过人工智能技术实现智能化的安全监控系统，可以通过图像识别和行为分析等技术对仓库内的异常行为和人员进行实时监控和报警，及时应对潜在的安全隐患。这种系统不仅可以提高货物的安全性，还能够降低仓储的风险和成本。

1.3 库存概述

在企业生产过程中，产品的生产和消费在时间、地点、批量等方面的矛盾是客观存在的。原材料往往不能马上投入生产，产成品也不能直接消费，人们不得不采取一些必要的方法和手段应对外界变化，库存就是按预定目的而设立和存在的。下文主要对库存的含义、作用和分类进行概述。

1.3.1 库存的含义

我国国家标准《物流术语》（GB/T 18354—2021）对库存的定义是：储存作为今后按预定的目的使用而处于备用或非生产状态的物品（注：广义的库存还包括处于制造加工状态和运输状态的物品）。美国生产与库存管理协会对库存的定义是：为了支持生产、维护、操作和客户服务而存储的各种物料，包括原材料、在制品、维修件、生产消耗品、成品和备件等。

在企业的日常生产和经营活动中，特别是随着生产现代化程度的日益提高和企业间竞争的日益加剧，为了确保生产和经营活动有序进行，从而在激烈竞争中立于不败之地，企业需要储备一定数量的物资。库存的预定目的有：防范缺货、保持生产过程连续性、分摊订货费用、快速满足用户订货需求等。在制造业中，库存以原材料、在制品、备品备件、产成品等形式存在。而在流通企业中，库存则以待销售的产成品形式存在。库存在企业生产经营过程中形成的停滞，在企业物流系统中起着缓冲调节和平衡的作用，能有效克服产品生产和消费在时间上的差异，创造时间效应。

库存中的每一个单项都代表着众多存货中某一种特殊的物料种类。例如，一家冰箱销售商的仓库中，"526L嵌入式冰箱（型号为BCD-526WGHTD14S8U1）"所代表的就是一个特有的存货种类。在该仓库中，还有"520L嵌入式冰箱""500L嵌入式冰箱""535L干湿分储变温冰箱""480L十字四门智能保鲜冰箱"等其他商品。对于这些存货单项，通常会用stock keeping unit（SKU）来表示。

1.3.2 库存的作用

库存对企业运营的作用，可分为积极作用与消极作用。

1.3.2.1 库存的积极作用

库存的积极作用有如下几个方面。

（1）维持销售产品的稳定，避免失销

对于通过备货实现市场供给的企业而言，市场需求往往是不确定的。企业对销售产品必须保持一定数量的库存，其目的是应对市场需求的变化。企业并不能预先知道市场真正需要什么、什么时候需要、需要多少，只是根据市场需求的预测结果进行生产，因而持有一定数量的库存是必要的。但随着供应链管理的形成，市场需求的不确定性得以减少或消失，这种库存也在减少或消失，甚至实现零库存。

（2）维持生产的稳定，避免缺料

制造型企业按销售订单与销售预测安排生产计划，并制订原材料与零部件的采购计划，下达采购订单。由于采购的原材料与零部件需要一定的提前期，这个提前期是根据统计数据预测得到的或者是在供应商生产稳定的前提下设定的，企业在制订采购计划时设定的提前期与实际提前期并不总是相同的。当实际提前期大于设定提前期时，原材料与零部件会延迟到达，从而影响企业的正常生产，造成生产的不稳定。为了降低这种由提前期不确定带来的生产缺料风险，企业就会增加原材料与零部件的库存量。

（3）降低产品成本，实现规模经济效益

企业在确定采购数量或生产数量时，需要综合考虑多项成本，包括采购成本、订货成本、存货持有成本、缺货成本等。其中，采购成本是指支付给供应商的货款：

$$采购成本 = 购买数量 \times 商品单价$$

订货成本是指从发出订单到收到存货整个过程中所付出的成本：

$$订货成本 = 订货次数 \times 单次订货费用$$

存货持有成本包括仓库租金、保险、搬运费用等：

$$存货持有成本 = 平均库存量 \times 单位存货持有成本$$

当单位时间需求总量不变且单价不变时，如果增加单次采购数量，平均库存量会增加，存货持有成本也会增加，但订货次数会减少，订货成本也会降低。因此，会存在一个经济批量，在这个批量下存货相关的总成本是最低的。这种因经济批量而存在的周转库存，有利于企业降低产品成本。

（4）快速满足客户需求，提高客户服务水平

当客户需要紧急购买产品时，如果库存充足，企业就可以快速满足客户需求，提高客户满意度。此外，库存还可以提供多样化的产品选择，满足客户不同的需求。

（5）缓解上下游企业供需矛盾

上下游企业的供需矛盾包括供需在时间上的矛盾与在空间上的矛盾。从时间上看，上下游企业的供需时间往往不一致。季节性生产或季节性销售就是典型的上下游企业在时间上的供需矛盾。当上游生产厂商供货富余、下游暂时无法消化时，可以先将货物放入仓库形成库存，保证生产稳定；当下游需求旺盛、上游生产厂商供货不足无法及时供应货源时，可以使用库存进行供应以满足下游需求。从空间上看，上游企业（供应地）与下游企业（需求地）往往不在同一地理区域，需要通过运输将货物由供应地运往需求地，而运输存在明显的规模经济现象，为降低运输成本，会采用较大规模的运量，这种规模运量的存在也会形成库存。

1.3.2.2 库存的消极作用

库存的消极作用有如下几个方面。

（1）库存会占用企业大量资金

通常情况下，在企业的总资产中，库存资金占 20% ~ 40%。如果库存管理不当，形成积压库存时，占用的流动资金将会更多。如果存货的比例过高，可能导致资金被固定在存货中，进而导致现金流不足，影响企业的运营。

（2）增加企业的产品成本与管理成本

原材料库存持有成本的增加会加大产品成本，而相关库存设备、管理人员的增加也会加大企业的管理成本。

（3）掩盖企业众多管理问题

库存可以缓解由计划不周、采购不力、生产不均衡、产品质量不稳定及市场销售不力等管理问题带来的不利影响，使得这些管理问题得以掩盖，无法及时暴露出来。当这些问题严重到连库存都无法缓解、无法掩盖时，再进行管理变革的难度就会增加。

1.3.3 库存的分类

可以按照库存在生产过程中的用途、在经营过程中的用途、在再生产过程中所

处的领域对库存进行分类。

（1）按生产过程中的用途分类

库存按在生产过程中的用途不同，可以分为原材料库存、在制品库存、维护/维修/作业用品库存、包装物和低值易耗品库存、产成品库存等。

①原材料库存，指企业为了生产加工产品，通过采购和其他方式取得及持有的原材料、零部件的库存。

②在制品库存，指还在加工中心、已经经过一定的生产过程但尚未完工需进一步加工的产品的库存。在制品库存包括待送入另一个加工过程的库存、正在加工中心被加工的库存、由于存在加工能力的瓶颈或机器设备故障等而在加工中心排队等候的库存。

③维护/维修/作业用品库存，指用于维护和维修设备而储存的配件、零件、材料等。

④包装物和低值易耗品库存，指企业为了包装本企业产品而储存的各种包装容器与包装材料。另外，企业还需要储存一些因价值低、易损耗而不能作为固定资产的物资。

⑤产成品库存，指已经制造完成并等待装运，可以对外销售的制成产品的库存。

（2）按经营过程中的用途分类

库存按在经营过程中的用途不同，可以分为经常库存、安全库存、促销库存、投机库存、战略库存、调节库存、在途库存等。

①经常库存，又称周转库存，是指企业在正常的经营环境下，为了满足日常需要而必须持有的库存。这种库存是由订货批量引起的，需要不断补充。当上一批货物因日常需求被消耗至某一水平（再订货点）以下时，就需要及时补充一个批量的货物。

②安全库存，是指用于防止和减少订货期间需求率增长或到实际订货提前期增长所引起的缺货而设置的经常库存之外的库存。安全库存可以减少由需求与订货提前期变化或管理失误带来的缺货现象。安全库存量取决于需求的变化幅度、提前期的变化幅度、企业的现货供应水平。在正常情况下，安全库存一般不动用，一旦动用，必须在下批订货到达时进行补充。

③促销库存，是指企业为应对促销活动所产生的预期销量的增加而建立的库存。

④投机库存，是指企业为了减少因原材料价格上涨而带来的损失或者为了从产成品的价格上涨中获利而愿意保有的库存。

⑤战略库存，是指企业为了维持整条供应链的稳定运行而持有的库存。战略库存会导致产成品库存数量增加从而加大库存成本，但从工业管理整体角度而言，是经济合理的。例如，在淡季仍然安排供应商继续生产，以使供应商保持技术工人，维持生产线的生产能力和技术水平。这样的战略库存虽然从库存持有成本来看会有较大幅度的成本增长，但从整个供应链的运作成本来看是经济可行的。

⑥调节库存，是指企业为了调节需求或供应的不均衡、生产速度与供应速度的不均衡，以及各个生产阶段产出的不均衡而建立的库存。以季节性需求产品（如空调等一些家用电器）为例，为了保持生产能力的均衡，在淡季依然会生产这类产品，以备满足旺季的需求。当供应商的供应能力不均衡，或者原材料具有明显的季节性特征时，也需设置调节库存。

⑦在途库存，是指正处于运输以及停放在相邻两个工作地或两个组织之间的库存，这种库存是客观存在的，而不是有意设置的。在途库存的大小取决于运输时间以及该期间内的平均需求。

（3）按在再生产过程中所处的领域分类

库存按在再生产过程中所处的领域不同，分为制造库存、流通库存和国家储备等。

①制造库存，是指制造商为了满足生产消耗的需要，保证生产的连续性和节奏性而建立的库存。

②流通库存，是指流通企业为了满足市场需要，保证销售的连续性、维持客户服务水平而建立的库存。

③国家储备，是指国家为了应对自然灾害、战争和其他意外事件而建立的长期储备库存，如石油储备、粮食储备等。

1.4 库存控制方法概述

所谓库存控制，是指根据企业生产经营的需要，采用适量采购和存量控制的方法，以最低的或合理的库存总成本来满足生产（顾客）的需求。库存控制是库存管理的核心问题，其中心任务是做到供应好、周转快、损耗低、费用省、不积压。

1.4.1 库存控制的作用

一般而言，库存控制具有以下几方面的作用。

①在保证企业生产、经营需求的前提下，使库存量保持在合理的水平上；

②掌握库存实时变化信息，适时、适量提出订货，避免超储或缺货；

③减少库存空间占用，降低库存总费用；

④控制库存资金占用，加速资金周转。

库存控制的内容包括确定存货的种类与数量、订货批量与订货周期、生产批量与生产销售周期，以最低的费用在合适的时间、合适的地点获得合适数量的各类存货。

1.4.2 库存控制的合理化

库存控制的合理化包括库存结构、库存数量、库存时间和库存网络等方面的合理化。

（1）库存结构的合理化

库存结构的合理化主要关注库存商品的种类、数量占比以及分布状态的优化。企业通过对库存商品的ABC分类管理（根据价值、销量、订购频率等因素），明确哪些商品是核心库存（A类商品），哪些是次要库存（B类商品），哪些是辅助库存（C类商品）。对于不同类型的商品，采取不同的管理策略和控制手段，如对A类商品应给予高度关注，严格控制库存水平以降低资金占用；对C类商品则可以适当放宽库存控制标准，以降低管理复杂度。此外，还要考虑商品的物理特性、市场需求、供应链稳定性等因素，合理布局库存，保证供应链的顺畅运行。

（2）库存数量的合理化

库存数量的合理化是指企业根据自身的生产和销售需求，结合市场预测、供应链响应速度、采购周期等因素，科学地确定每种商品的最优库存数量。通过运用库存管理理论，如经济订货量模型、再订货点模型等，确保在满足需求、避免缺货风险的同时，尽量减少库存持有成本，提高资金周转率。企业还需要结合实际情况，动态调整库存策略，如通过实施零库存管理、准时制生产、供应商管理库存等方式，力求达到库存数量的最优化。同时，企业还需实时监控库存动态，适时调整订货策略，确保库存既能满足生产和销售需求，又不会因库存过多而增加持有成本和风险。

（3）库存时间的合理化

库存时间的合理化是指在保证生产与销售顺畅的前提下，尽可能缩短库存商品的平均存储时间，以减少因库存时间过长导致的库存风险和成本。通过精确的需求预测、灵活的生产计划、快速的市场响应以及有效的库存周转策略，企业能够确保商品在需要的时间到达正确的位置，降低过期、损坏、降价处理等风险，提高资产的使用效率。

（4）库存网络的合理化

库存网络的合理化是指企业在地理上对库存的布局和分配进行优化，以适应市场需求变化、物流成本、服务效率等。合理化的库存网络包括中央仓库、区域仓库、前置仓库等多种类型的库存节点，并通过科学的库存分配策略，确保产品能够在正确的时间、正确的地点，以最小的物流成本送达消费者或下一级供应链环节。库存网络的合理化有助于降低物流成本，提高客户满意度，同时也有利于企业在竞争激烈的市场环境中保持敏捷和灵活性。

1.4.3 常见的库存控制方法

常见的库存控制方法包括但不限于以下几种。

（1）定量订货法

在定量订货法（reorder point system）中，预先设定一个固定的再订货点和订货量。当库存量下降到再订货点时，企业便下达固定数量的订单补充库存。这种方法依赖经济订货量模型，计算出每次订货的最佳数量，以最小化库存持有成本和订货成本。

该方法的特点是每次订货的数量是固定的，而不是基于实际库存水平或者订货周期来决定的。在定量订货法中，主要有两个关键参数。

①再订货点（reorder point, ROP）。当库存量下降到再订货点时，就需要开始下一个订货流程。再订货点的确定通常考虑补货周期内的预期需求量、安全库存量（以应对需求波动和供应不确定性）以及现有库存量。

②订货批量（order quantity, OQ）。每次订货时，都会补充固定数量的库存。订货批量的大小是通过计算经济订货量来确定的，目的是在考虑订货成本和库存持有成本的基础上，寻求总成本最低的订货量。

通过定量订货法，企业可以在确保满足客户需求、避免缺货风险的同时，有效控制库存成本。然而，这种方法需要对需求预测、供应可靠性等因素有较高的把握，以确保再订货点和订货批量设置的合理性。在实际应用中，定量订货法常与经济订货量模型相结合，以达到最优的库存管理效果。

（2）定期订货法

定期订货法（periodic review system）是一种库存控制策略，指的是库存管理人员按照预定的时间间隔定期检查库存水平，并在此时决定是否需要订购新的货物。这种策略不依赖库存水平的具体变化来触发订货决策，而是依据预定的时间周期进行回顾和调整。

在定期订货法中，有订货周期和再订货点两个关键点。

订货周期（review period），指从上一次订货到下一次订货之间的时间间隔。例如，每周、每月或每季度进行一次库存审查。在每个订货周期结束时，如果库存量低于或者等于再订货点，则发出新的订货指令。再订货点的设置通常考虑未来一段时间内的预计需求量以及安全库存量，确保在新货到达之前不会发生缺货。

具体步骤可以概括为以下几个。

①确定订货周期长度。

②设定再订货点，这可能基于过去的消费速率、平均需求量、提前期，以及可能出现的需求波动的安全余量等。

③订货周期结束时，查看当前库存水平。

④如果库存水平低于再订货点，则按预设的订货数量进行订货，以补充至目标库存水平。

定期订货法的一个变体是最大最小系统（MinMax system），在这种情况下，库存管理者会在库存水平降到预设的最小库存量时下单补充至预设的最大库存量。

这种方法简化了库存控制，但可能会牺牲一些精细化管理带来的库存优化效果。

（3）ABC分类法

ABC分类法（ABC analysis）将库存物品按照其年度货币价值或年度使用量的重要性分为A、B、C三类，对不同类别的库存采取不同的控制策略。ABC分类法由意大利经济学家维弗雷多·帕累托（Vilfredo Pareto）的"帕累托原则"（Pareto principle）演变而来，也被称作"重点管理法"或"80/20法则"。A类库存最为重要，应实施最严格的控制；B类库存次之，应适当控制；C类库存则可较为宽松地管理。

①A类库存，属于高价值、高流动性的库存，通常占库存总价值的70%～80%，但数量只占库存总数的10%～20%。这类物品的管理应当最为严格，因为它们对企业的资金占用较大，且直接影响企业的运营效率和盈利能力。因此，A类物品需要经常监控和精细化管理，保持足够的安全库存，防止断货。

②B类库存，是中等价值和中等流动性的库存，占据库存总价值的15%～25%，数量约占库存总数的30%。B类库存的管理相对A类略宽松，但仍需注意其库存量和周转速度，避免过度积压或缺货。

③C类库存，是低价值、低流动性的库存，虽然数量庞大，占库存总数的50%～70%，但其总价值只占库存总价值的5%～15%。这类物品对企业的资金占用相对较少，但由于数量众多，管理成本较高。对于C类物品，企业可以采取较为宽松的库存控制策略，比如保持较低的安全库存水平，减少管理精力的投入。

通过ABC分类法，企业可以集中资源，优先管理最重要的A类库存，合理分配管理精力，同时降低总体库存成本和提高运营效率。这种方法有助于企业优化库存结构，降低资金占用，提升资金周转率。

（4）安全库存法

安全库存法主要用于应对需求不确定性、供应不稳定性和交货时间延误等因素可能导致的缺货风险。安全库存是在正常的再订货点基础上额外保留的一部分库存，以确保即使在预期需求量超过实际供给量或供应延迟时，仍能满足客户需求，避免缺货情况发生。

在实际操作中，安全库存的计算通常需要考虑以下几个要素。

①需求波动（demand variability），表示需求的不稳定性。需求越不稳定，安全库存应越高。

②订货提前期，是指从下订单到收到货物的时间。订货提前期越长，安全库存需要越多，以弥补这段时间内的需求波动。

③服务水平（service level），即存货满足客户需求的水平，通常以库存服务水平 $= \dfrac{\text{供应量(或销售量)}}{\text{供应量(或销售量)} + \text{短缺量}} \times 100\%$ 表示。服务水平越高，意味着缺货的可能性越低，因此需要设置更高的安全库存。

安全库存的设置需通过数学模型或经验法则来确定，确保在大多数情况下能够防止缺货。但安全库存的设置也会带来额外的库存持有成本。因此，企业应在保证服务水平和控制库存成本之间寻求平衡，通过持续的库存管理优化来合理设置安全库存水平。

（5）经济订货量模型

经济订货量（economic order quantity，EOQ）模型是一种经典的库存管理理论模型，用于确定在一定时期内，订购和储存某种商品时，使其相关的总成本（包括订货成本和存储成本）达到最低时的最优订货量。这种方法适用于货物单价固定不变、需求稳定、不存在数量折扣、提前期确定、不允许缺货、库存持有成本与平均库存量线性相关、单次订货成本固定、总订货成本与订货次数线性相关的理想情况。

在经济订货批量模型中，因为货物单价不变且需求量固定，所以货物采购量是固定的，与订货批量无关。且因为不允许缺货，所以也无须考虑缺货成本。因此，与批量相关的总成本包括如下两大部分：

①订货成本（ordering cost）。每一次订货产生的成本，包括但不限于通信费用、运输费用、处理订单的人工成本等。订货成本与订货次数成正比。

②库存持有成本（carrying cost or holding cost）。持有库存所需承担的成本，包括存储空间成本、资金占用成本、库存物品可能发生的损耗、报废、保险费用等。库存持有成本与平均库存量成正比。

当两项成本之和取最低值时，此时的订货批量为经济订货批量。

（6）物料需求计划

物料需求计划（material requirements planning，MRP）系统是一种计算机化的库存控制方法，它基于主生产计划、物料清单和库存记录来计算所需物料的数量与时间，从而生成采购订单和生产计划。物料需求计划的基本原理是通过对未来的物料需求进行精准预测，并结合企业的产能、库存现状和供应链响应能力，制定科学合理的生产活动和物料获取策略，确保企业在恰当的时间和地点获得必要的物料，实现高效生产和合理库存管理。

物料需求计划的制订通常包括以下步骤。

①确定主生产计划。根据市场需求预测、销售订单、客户合同等因素，制订未来一定时期内各个最终产品的生产计划，包括生产数量和时间安排。

②编制物料清单。建立产品结构树状图，明确每个最终产品所包含的所有组件、子组件及其用量。物料清单需要逐层分解到最基本的原材料级别。

③收集库存信息。确定现有库存量，包括各个层次物料的实时库存、在途库存、预留库存以及安全库存水平。

④计算毛需求量。对于每个层级的物料，根据主生产计划和物料清单，计算出未来所需的毛需求量，即理论上应该准备的总物料量。

⑤计算净需求量。净需求量是毛需求量减去现有的有效库存量（包括预计入库量）和已预定或已分配给其他订单的物料量。

⑥考虑提前期。根据物料的生产周期或采购提前期，确定采购和生产活动的起始时间点，确保物料能在实际生产中及时供应。

⑦制订采购计划。根据净需求量和提前期，制订采购订单或生产订单，决定采购什么物料、采购多少、何时下单以及何时接收。

⑧修订和更新计划。随着实际生产情况的变化，定期更新和修订MRP计划，包括处理需求变化、供应问题、产能限制等，保持计划的准确性和可行性。

⑨跟踪与控制。实施计划后，持续监控实际执行情况，对比计划与实际产出，分析差异并采取相应措施调整计划，确保物料需求得到满足。

（7）准时制库存控制

准时制（just-in-time, JIT）库存控制是一种源于丰田生产方式的库存管理策略，其基本理念是在需要的时候，按照需要的数量，仅在必要的时间内获取所需的物料或零部件，通过与供应商建立紧密合作关系，消除非增值过程中的库存，从而达到最小化库存、降低库存持有成本、提高生产效率和响应速度的目标。

准时制库存控制的实施步骤如下。

①确定生产流程。优化生产流程，使之流畅、无中断，减少浪费。

②建立看板系统。通过看板或其他信号系统直观地传递需求信息，实现物料和信息流的同步。

③与供应商紧密协作。与供应商建立信任和合作关系，确保物料准时、高质量地送达。

④实施全面质量管理。提高产品质量，减少不良品产生，降低由此引发的库存增加。

⑤实时监控和持续改进。通过实时数据监控和分析，不断优化库存策略，持续改进生产流程和库存管理水平。

（8）供应商管理库存

供应商管理库存（vendor managed inventory, VMI）是一种供应链管理策略，该策略允许供应商根据下游客户（如零售商或制造商）的实际销售数据和库存信息，主动管理并控制客户处的库存水平。实施供应商管理库存的主要目的在于通过改善库存控制，减少供需双方的库存成本，提高客户服务水平，并增强供应链的协同效应。

供应商管理库存的实施步骤通常包括以下环节。

①信息共享与集成。供应商与客户之间建立信息共享机制，实时或定期交换销售数据、库存水平、预测需求等相关信息。通过电子数据交换（electronic data interchange, EDI）、互联网技术、企业资源规划（enterprise resource planning, ERP）系统或其他供应链管理软件实现信息的互联互通。

②需求预测与库存策略制定。供应商根据共享的销售数据和历史记录，采用统计模型和预测方法，准确预测客户未来的需求。根据预测结果，供应商与客户共同制定库存策略，确定合适的库存水平、补货时间和补货量。

③库存阈值设定。协同确定库存阈值，即再订货点和安全库存水平，一旦库存量接近或低于再订货点，供应商会主动安排补货。

④补货计划与执行。供应商根据库存策略，制订补货计划，并通知客户补货安排。执行补货操作时，供应商直接向客户指定的仓库或店面发送货物，无须等待客户发出正式订单。

⑤监控与反馈。实施VMI后，供应商需持续监控库存水平和销售情况，确保库存策略的有效性。定期对库存管理效果进行评估，通过反馈机制不断优化库存管理策略。

⑥风险管理与协议签署。为保障双方权益，供应商与客户需签订明确的VMI合作协议，约定库存管理的责任划分、成本分摊、违约责任等相关事项。

（9）联合管理库存

联合管理库存（jointly managed inventory, JMI）是一种供应链管理策略，通过供应链中不同参与者之间的合作与信息共享，共同管理库存，以实现库存成本的降低、客户服务水平的提升以及整体供应链效率的优化。

联合管理库存的实施步骤如下。

①建立合作关系与共识。首先，供应链上下游企业必须达成共识，认识到通过

联合管理库存可以共享风险和收益，共同降低库存成本，提升整体绩效。为此，双方需签署合作协议，明确各自的职责、权利和利益分配。

②信息共享系统建设。构建或接入一个集成的信息系统，使得供应链各环节的企业能够实时共享销售数据、库存信息、需求预测等关键数据，为联合管理库存提供准确的数据支撑。

③需求预测与库存计划制订。利用共享的数据，双方共同参与需求预测，制订统一的库存计划和补货策略。这可能涉及运用先进的预测方法和库存模型，以确保库存量既满足市场需求，又避免库存过多或不足。

④库存责任与成本分担。明确库存成本的分担机制，如库存持有成本、运输成本、订单处理成本等，可能采取成本均摊、风险转移或其他灵活的方式，确保双方都能从合作中获益。

⑤库存控制与补货策略实施。根据共同制订的库存计划，实施精准的库存控制，包括设定合理的库存阈值、实施动态补货策略等。当库存降至某个预定水平时，立即触发补货程序，确保供应链顺畅运行。

⑥协同决策与持续优化。定期进行协同会议，评估联合管理库存的效果，根据市场变化和实际运营情况进行调整优化。同时，通过持续改进供应链流程和库存策略，提高供应链整体的敏捷性和响应速度。

（10）连续补货计划

连续补货计划（continuous replenishment program，CRP）是一种先进的库存管理策略，特别适用于零售业和消费品行业的供应链管理。该策略通过持续监控销售数据并实时更新库存，确保产品在被销售出去后能立即得到补充，从而始终保持充足的库存水平以满足消费者需求。

连续补货计划的实施步骤如下。

①前期准备与评估。确定适合采用连续补货计划的商品类别，通常为销量稳定、需求可预测的产品。审视现有供应链流程，评估实施CRP的可能性与改进点，包括库存管理、销售预测、订单处理等环节。确保拥有实时共享销售数据的技术平台，如ERP系统、POS系统等，能够实时传输销售数据。

②建立数据共享与沟通机制。零售商与供应商之间搭建数据传输桥梁，实时共享销售数据和库存信息。明确数据交换的内容、格式和更新频率，确保信息准确及时。

③需求预测与补货点设定。基于历史销售数据、季节性需求、市场趋势等因素进行销售预测。设定触发补货的库存水平，考虑补货周期、安全库存、在途库存等因素。

④制定连续补货策略。根据需求预测和补货点，设定自动补货的逻辑和算法，如库存量跌至补货点时自动发起订单。确保订单生成、确认、发货、收货等环节的高效运转。

⑤实施与监控。启用连续补货系统，并试运行以检验系统的有效性与准确性。监控实际执行效果，根据市场变化和销售业绩，适时调整补货策略和库存水平。

⑥持续优化与评估。定期评估连续补货计划的执行效果，包括库存周转率、缺货率、服务水平等关键指标。针对评估结果进行反馈分析，不断优化补货计划和供应链管理流程。

每种库存控制方法都有其适用场景和限制条件，企业在实际操作中需结合自身业务特点和市场环境灵活选择和组合使用。

课后思考题

1.相比传统仓储，数字化仓储、智能化仓储、云仓网络有何特点？

2.仓储有哪些功能？

3.在数智化环境下，常见的仓储技术有哪些？它们是如何应用在仓储管理之中的？

4.对于库存，企业为什么又爱又恨？

5.库存控制的合理化包括哪些内容？

6.常见的库存控制方法有哪些？

本章课件

第 2 章
仓储业务流程及其数智化管理

　　本章主要分析仓储作业流程，包括入库作业、在库作业、出库作业、越库作业，以及仓储业务的数智化管理。

2.1 入库作业

入库业务也叫收货业务，它是仓储日常业务的开始，包括入库准备、货物接运、检查入库凭证、初步检查验收、办理交接手续、货物验收、办理入库手续等流程。

2.1.1 入库准备

在货物入库前，仓库应根据仓储合同或者入库单，制订仓储计划，掌握货位使用情况，准备好货位及其相关材料与单证以使货物能按时入库，保证入库的顺利进行。入库准备工作需要由仓库的业务部门、管理部门、设备作业等部门分工合作，共同完成。由于不同仓库、不同货物的业务性质是不同的，入库前的准备工作也有所区别，需要根据具体情况和仓库管理制度做好充分准备。一般来说，入库前的准备工作主要有以下几个方面。

（1）熟悉入库货物

仓库工作人员应了解入库货物的品种规格、数量、包装、单件体积、到库确切时间、货物存放时间、货物的理化特征、保管养护的特殊要求等。只有了解以上内容才能准确、妥善地制订库存计划。

（2）掌握仓库库场情况

要了解货物入库与保管期间仓库的库容、设备和人员的变动，以便安排工作。必要时可对仓库进行清查清理归位，以便腾出仓容。

（3）制订仓储计划

根据需入库货物的情况、仓库情况、设备情况，制订仓储计划，并将任务下达相应的各作业单位和管理部门。

（4）妥善安排仓库库位

仓库部门根据入库货物类别、数量、对储存条件的要求等，结合仓库分区分类保管的要求，核算货位的类型与大小。根据货位使用原则妥善安排货位与验收场地，确定堆垛方法、苫垫方案等准备工作。

（5）准备货位

仓管员要及时进行货位准备，彻底清洁货位，清除残留物，清理排水管道或排水沟。必要时安排消毒、除虫、铺地，检查照明、通风设备，发现损坏及时通知修理。

（6）准备苫垫材料，作业用具

在货物入库前，根据所确定的苫垫方案准备相应的苫垫材料，并组织衬垫铺设作业，将作业所需的用具准备妥当，以能及时使用。

（7）验收准备

仓库理货人员根据货物情况和仓库管理制度，确定验收方法，准备验收所需要的点数、称量、测试、开箱、装箱、丈量、移动照明等工具。

（8）装卸搬运工艺设定

根据货物、货位、设备条件、人员等情况，科学合理地制定卸车搬运工艺，保证作业效率。

（9）准备文件单证

仓管员准备好货物入库所需的各种报表、单证、账簿，以便入库时使用。

2.1.2 货物接运

货物接运的主要任务是向托运者或承运者办清业务交接手续，及时将货物安全接运回库。货物接运人员要熟悉各交通运输部门及有关供货单位的制度和要求，根据不同的接运方式处理接运中的各种问题。一般来说，入库货物的接运主要有以下几种方式。

（1）专用线接运

专用线接运是铁路部门将转运的货物直接运送到仓库内部专用线的一种接运方式。仓库接到专用线到货通知后，需以缩短场内搬运距离为目标去确定卸货车位，准备好卸车所需的人员和机具，车辆到达后要引导对位。

在卸车过程中应注意以下几点。

①卸车前进行检查。主要内容包括核对车号，检查货封是否脱落、破损或印文不清、不符。核对货物名称、箱件数与货物运单上填写的名称、箱件数是否相符等。

②卸车过程中正确操作。要按车号、品名、规格分别堆放，按外包装的指示标志正确钩挂，铲兜、升起、轻放，防止包装和货物损坏，妥善处理苫盖，防止受潮和污损；对品名不符、包装破损或损坏的货物，应另行堆放，写明标志，并会同承运部门进行检查，编制记录。正确使用装卸机具、工具和安全防护用具，确保人身和货物安全等。

（2）车站、码头提货

凭提货单到车站、码头提货时，应根据运单和有关材料认真核对货物的品名、数量、收货单位等。货物到库后，接运人员应及时将运单连同提取回的货物向保管人员当面清点，然后由双方办理交接手续。

（3）到供货单位提货

仓库接受货主委托直接到供货单位提货时，应根据提货通知，了解所提货物的品名、性能、规格、数量，准备好提货所需的机械、工具、人员，配备保管员在供货单位凭送货单或订货合同等当场检验质量、清点数量，并做好验收记录，接货与验收合并完成，发现问题要分清责任。

（4）供货单位送货到库

存货单位或供货单位将货物直接运送到仓库储存时，应由保管员或验收人员直接与送货人员办理交接手续，当面验收并做好记录。若有差错，应填写记录，由送货人员签字证明，据此向有关部门索赔。

（5）承运单位送货到库

交通运输等承运部门受供货单位或货主委托送货到仓库，接货要求与供货单位送货到仓库的要求基本相同，区别在于当发现错、缺、损等问题后，除了要求送货人当场出具书面证明并签章确认，还应及时向供货单位和承运单位发出查询函电并做好有关记录。

（6）过户

过户是指对已入库的货物通过购销业务使货物所有权发生转移，但仍储存于原处的一种入库业务。此类过户入库手续，只要收到双方下达的调拨单和入库单，更换户名就可以了。

（7）转库

转库是因故需要出入库，但未发生购销业务的一种入库形式。仓库凭转库单办理入库手续。

（8）零担到货

各种形式的零担到货，应由零担运输员负责填写零担到货台账，并填发到货通知单。

2.1.3 检查入库凭证

货物到库后，仓库收货人员首先要检查入库单据，然后根据入库单据开列的货品单位和名称等内容进行核对。

（1）审核验收依据

需审核的验收依据包括业务主管部门或货主提供的入库通知单和订货合同、协议书等。

（2）核对供货单位提供的验收凭证

需核对的验收凭证包括材料证明书、装箱单、磅码单、发货明细表、说明书、保修卡与合格证等。

（3）核对承运单位提供的运输单证

需核对的运输单证包括提货通知单、登记货物残损情况的货运记录、普通记录以及公路运输交接单等。

2.1.4 初步检查验收

初步检查验收，主要是对到货情况进行粗略检查，其工作内容主要包括检查数量和包装外观，查看包装有无破损、水湿、渗漏、污染等异常情况。出现异常情况时，可打开包装进行详细检查，查看内部货物有无短缺破损或变质等情况。

2.1.5 办理交接手续

入库货物经过上述程序后，就可以与送货人员办理交接手续，如果在上述过程中无异常情况出现，收货人员在送货单上盖章签字，表示商品收讫；如发现有异常情况，必须在送货单上详细注明，并由送货人员签字或出具差错、异常情况记录等书面材料，作为事后处理的依据。办理完交接手续，意味着运输、送货部门和仓库的责任已划分清楚。

完整的交接手续包括接收货物、接收文件和签署单证。

（1）接收货物

仓库通过理货、查验货物，将不良货物剔出、退回或编制残损单证等明确责任，确认收到货物的确切数量及货物表面状态完好性。

（2）接收文件

按收送货人送交的货物资料、运输的货运记录、普通记录等，以及随货的在运输单上注明的相应文件，如图纸、准运证等。

（3）签署单证

仓库与送货人或承运人共同在送货人交来的送货单、交接清单上签署，并留存相应单证。提供相应的入库、查验、理货、残损单证、事故报告，由送货人或承运人签署。另外，如出现短少等情况，也可作为货主向供货方交涉的依据，所以签单必须准确无误。

2.1.6　货物验收

货物进行仓库储存，必须经过检查验收，只有验收合格的货物，方可入库保管。入库验收是仓库把好"三关"（入库、保管、出库）的第一个关口，抓好货物入库质量关，能防止劣质货物流入生产领域与流通领域，划清仓库与生产部门、运输部门、采购部门的责任界限，也为货物在库场中的保管提供第一手资料。货物的入库验收，主要包括数量验收、质量验收和包装验收三个方面。

（1）货物验收的基本要求

货物验收的基本要求包括及时、准确、严格和经济。

①及时。到库的货物必须在规定的期限内完成入库验收工作。这是因为物品虽然到库，但未经过验收的货物不能入账，不算入库，不能供应给用料单位。在规定的期限内及时验收，尽快提出检验报告，才能保证物品尽快入库入账，满足用料单位的需求，加快物品和资金的周转。此外，货物的托收承付和索赔都有一定的期限，如果验收时发现物品不符合规定要求，应在规定期限内提出退货、换货或赔偿的要求，否则供方或责任方不再承担责任，银行也将拒付。

②准确。以货物入库凭证为依据，准确查验入库货品的实际数量和质量状况，并通过书面材料准确地反映出来，做到货、账、卡相符，提高账货相符率，降低收货差错率，提高企业的经济效益。

③严格。仓库各方都要严肃认真地对待货物验收工作，验收工作的好坏直接关系到货主利益，也关系到此后各项仓储业务能否顺利开展，因此仓库管理者应高度重视验收工作，验收人员要以高度负责的态度来对待这项工作，明确每批货物验收的要求和方法，并严格按照货物入库验收的业务操作程序办事。

④经济。多数情况下，货物在验收时不但需要检验设备和验收人员，而且需要装卸、搬运机具和设备以及相应工种的功能配合，这就要求各项工作密切协作，合理组织调配人员、设备以节省作业费用。此外，在验收工作中应尽可能保护原包装，减少或避免破坏性试验，这也是提高作业经济性的有效手段。

（2）验收准备

仓库接到到货通知后，应根据货物的性质和批量提前做好验收的准备工作，包括以下五个方面内容。

①人员准备。安排好货物质量验收的技术人员和用料单位的专业技术人员，以及配合数量验收的装卸搬运人员。

②资料准备。收集、整理并熟悉待验货物的验收凭证资料和有关验收要求，如技术标准、订货合同等。

③器具准备。准备好验收用的计量器具、测量工具和检测仪器仪表等，并检验准确性。

④货位准备。落实入库货物的存放货位，选择合理的堆码垛型和保管方法，准备所需的苫垫堆码物料。

⑤设备准备。大批量货物的数量验收，还必须配备装卸搬运机械，应做好设备的申请调用。

此外，对特殊货物的验收，如毒害品、腐蚀品、放射品等，还需配备相应的防护用品，采取必要的应急防范措施。对于进口货物的质量检测，或者存货单位要求对货物进行内在质量检测，要预先联系商检部门或检验部门到库进行检验或质量检测。

（3）核对凭证

核对凭证，按以下三个方面内容进行。

①审核验收依据。验收依据包括业务主管部门或货主提供的入库通知单、订货合同、供货协议书等。

②核对供货单位提供的验收凭证。验收凭证包括质量保证书、装箱单、码单、说明书、保修卡及合格证等。

③核对承运单位提供的运输单证。运输单证包括提货通知单、登记货物残损情况的货运记录、普通记录和公路运输交接单等。

在核对以上凭证时，如果发现证件不齐或不符等情况，应及时联系货主、供货单位、承运单位和有关业务部门解决。

（4）确定验收比例

受仓库条件和能力条件的限制，对于某些批量大、短时间内难以全部验收的货物、全部打开包装会影响储存和销售的货物，或其质量有代表性、无须全部查验的货物等，可采用抽验方法。如合同有规定验收比例，则按采用合同中的验收比例。如合同没有规定验收比例，此时验收比例的确定一般应考虑以下因素。

①货物的价值。价值高的货物，验收比例大，反之则小。对于价值特别大的货物，应该采用全验。

②货物的性质。性质不稳定或质量易变化的货物，验收比例大，反之则小。

③气候条件。对于怕潮货物，在雨季或黄梅时节的验收比例应加大。对于怕冻货物，在冬季的验收比例应加大。

④厂商信誉。厂商信誉好，验收比例小，反之则大。

⑤生产技术。生产技术水平高或流水线生产的货物，货物质量较稳定，验收比例小，反之则大。

⑥储存时间。入库前储存时间长的货物抽样比例大，反之则小。

在按比例抽验时，若发现货物变质、短缺、残损等情况，应考虑适当扩大验收比例，直至全验，彻底查清货物的质量情况。

（5）实物验收

实物验收包括内在质量、外观质量、数量、重量和精度验收。当货物入库交接后，应将货物置于待检区域，仓库管理员及时进行外观质量、数量、重量及精度验收，并进行质量送检。

①外观质量验收。主要采用看、听、摸和嗅等感官检验方法。保管员根据自身的识货能力和判断经验进行外观质量检验，包括外包装完好情况、外观质量缺陷、外观质量受损情况以及受潮霉变和锈蚀情况等。

②数量验收。通常有三种方法：点数法、抽验法、检斤换算法。其中检斤换算法是指货物称重后将重量换算成该货物数量的验收方法，适合于单件货物重量标准和单件包装标准的情况。

③重量验收。货物的重量一般有毛重、皮重、净重之分。毛重是指包括包装物在内的货物的实际重量，皮重是指货物包装物的重量，净重是指去除包装物的货物本身的重量。重量验收是否合格，是根据实际磅差率与允许磅差率的比较来判断的。若实际磅差率未超过允许磅差率范围，则重量验收合格。若实际磅差率超过允许磅差率范围，则重量验收不合格。实际磅差率的计算方法如下：

$$实际磅差率 = \frac{实际重量 - 应收重量}{应收重量} \times 1000‰$$

④精度验收。主要包括仪器仪表精度检验和金属材料尺寸精度检验两个方面。

（6）验收过程中发现问题的处理

对于验收中发现的问题，验收人员应根据不同情况，在有效期内进行处理。

2.1.7 办理入库手续

货物验收合格后，即应办理入库手续。

（1）安排货位

安排货位时，要以安全、方便、节约、合理为原则，以最小的仓容储存最大限量的货物，提高仓容使用效能。同时，应考虑货物对货位储存条件的需求，为货物安排满足其储存条件的货位。

（2）搬运

做好入库准备及货位安排后，应将货物及时搬运到指定货位。搬运过程要做到进一批清一批，严格防止品种互串和数量溢缺。对于批次多、批量少的货物，在数量准、批次清的条件下可先分类再搬运。搬运过程中要尽量做到一次连续搬运到位，避免入库货物在搬运中的停顿和重复劳动。对于一些批量大、包装整齐、送货单位具备机械操作条件的入库货物，要争取送货单位的配合，利用托盘实行定额装载，从而提高技术准确率，缩短卸车时间，加速货物入库。

（3）堆码

堆码是指货物入库存放的操作方式和方法，堆码合理程度直接影响货物保管的安全性、清点数量的便利性及仓库容量的利用率。货物堆码方式主要有以下几种。

①散堆方式，是将无包装的散货在库场上堆成货堆的存放方式，特别适用于大宗散货，如煤炭、矿石、散粮和散化肥等。这种堆码方式简便，便于采用大型机械设备，节省包装费用，提高仓储的利用率，降低运费。

②堆垛方式，适用于包装货物、裸装的但有特定形状的计件物品，或长大件货物。合理的堆垛方式可以增加堆高，提高仓容利用率，有利于保护货物质量。采用哪种货垛堆码方式主要取决于物品本身的性质、形状、体积、包装等。一般情况下多采取平放、最大接触面向下的方法，使货垛易于堆码、稳定牢固。常见的货垛堆码方式包括重叠式、纵横交错式、仰伏相间式、压缝式、通风式、栽柱式、衬垫式等。

③货架方式，是指采用货架进行货物堆码的方式，适用于存放小件货品或不宜

堆高的货品。通过货架方式能够提高仓库的利用率，降低货物存取差错率。

（4）登账

货物入库登账过程涉及两个部门：财务部门要建立和登记货物账务账目，保管业务部门要建立详细反映库存货物进出和结存的明细，用于记录库存货物动态并为对账提供主要依据。

（5）立卡

"卡"又称"料卡"或"货物验收明细卡"，一般挂在上架货物的下方或放在堆垛物品的正面，卡上记录该垛货物的品名、型号、规格、数量单位、进出动态和积存数等信息。

（6）建立货物档案

建立货物档案，是指对货物入库业务全过程的有关资料凭证进行整理核对，建立资料档案，做到一物一档，统一编号，妥善保管。档案资料包括：货物出厂时的各种凭证、技术资料；货物到达仓库前的各种凭证、运输资料；货物入库验收时的各种凭证、资料；货物保管期间的各种业务技术资料；货物出库和托运时的各种业务凭证、资料。

（7）签单

货物入库后，应及时按验收记录要求签回单据，以便向供货单位和货主表明收到货物的情况。如果有货物短少等情况，签单也可作为货主向供货方交涉的依据，所以应保证签单的准确性。

2.2 在库作业

货物在库作业的内容主要包括货物的分区分类、货位管理、货物堆码（将在第9章9.3.3作详细介绍）、盘点作业等。

2.2.1 分区分类

货物分区分类主要是指根据货物的物理特性、种类属性、流转频率、安全等级等因素，对入库的各类货物进行系统性的区域划分和类别归置。例如，按货物尺寸大小可分为大件区、中件区和小件区；按货物性质可分为易燃易爆物品区、化学品区、普通商品区等；按流通速度则有高频周转区和低频储备区之分。

在现代仓储物流管理中，货物分区分类是一项基础且关键的操作技术。它通过科学合理地划分和安排存储区域，不仅能够有效提高仓库空间利用率、降低运营成本，而且有利于提升作业效率、保障货物安全以及满足客户对商品快速流转的需求。以下将详细介绍几种常用的货物分区分类方法及其实际应用场景。

（1）基于ABC分析法的分区存放

ABC分析法基于帕累托原则，通过对库存货物按价值或需求频率进行分类，将其划分为A类（高价值或高周转率）、B类（中等价值或中等周转率）和C类（低价值或低周转率）货物。依据此原则，A类货物应优先考虑设立在靠近出入口、拣选便捷的位置，以便快速出入库；B类和C类货物则可根据其特性选择合适的存储区域。

（2）基于货物属性分类的分区存放

根据货物的物理特性和化学性质进行分区存放，例如，将易燃易爆物品存放在符合消防规定的危险品区，食品与非食品分开存放以避免交叉污染，大型设备与小型零件分别置于大件区和小件区。此外，还可以按照货物重量、体积等因素设置专门的存储区域。

（3）按照流通方向和发运地分类的分区存放

对于根据不同目的地进行分拣、包装和发货的货物，可以按货物的流向或发运地进行分区。这样既方便货物的快速出库和配送，也有利于优化物流路线，减少运输成本。

（4）先进先出原则下的分区存放

针对有保质期限制或批次要求的货物，采用先进先出（first in, first out，FIFO）原则进行分区管理或批号管理分区，新入库的货物放置在后方，确保最先进入仓库的货物首先被取出使用或销售，从而防止过期浪费。

（5）专用存储区域设定

为特定客户提供专用存储区域，有利于实现定制化服务，同时便于管理和跟踪货主的库存情况。此外，也可以根据供应商或者采购渠道的不同，设置专属的收货、存储区域。

2.2.2 货位管理

进入仓库储存的每一批货物，其来源、去向、批号、保质期、理化性质、储存条件等各不相同，仓库要为这些货物确定合理的货位，既要满足保管的需要，还要便于仓库的作业和管理。仓库需要按照货物的理化性质和储存条件要求，根据分库、分区、分类的原则将货物存放在指定的货位上。

2.2.2.1 货位指派策略

好的货位指派策略可以减少出入库移动的距离、缩短货物通过时间，提高储存空间的利用率。常见的货位指派策略有：定位储存策略、随机储存策略、分区分类储存策略、分类随机储存策略、共同储存策略。

（1）定位储存策略

定位储存策略是指每一项商品都有固定储位的货位指派策略，需要事先确定各货架将要存放的货物品项。在定位储存策略下，各货位中存放的货物品项长期保持不变，只存放指定的货物，严格区分使用，不混用、串用。

定位储存策略的优点：

①每种货品都有固定储存位置，拣货人员容易熟悉货品货位，从而方便存取。

②可按周转率或出货频率指定货品货位，以缩短出入库搬运距离。

③可针对各种货品的特性安排货位，将不同货品特性间的相互影响减至最小。

定位储存策略的缺点：货位必须按各项货物的最大在库量设计库容，因此储存空间的平时使用效率较低。

定位储存策略的适用范围：

①储存空间宽裕。

②须根据不同的保管储存条件储存不同物理、化学性质的货物。

③须重点保管的重要物品或贵重物品。

④多品种小批量货物的存储。

⑤长期货源。

（2）随机储存策略

随机储存策略是指每一类货物的储存位置都是随机产生的，而且可以经常改变。也就是说，每一类货物均可以被存放在任何可利用的位置，其随机原则一般是储存人员按习惯来储存，且通常按货品入库的时间顺序储存于靠近出入口的储位。随机储存能使货架空间得到最有效的利用，因此储位数目得以减少。由模拟试验得出，随机储存系统与定位储存相比，可增加30%的储存空间，但是不利于货品的拣取作业。

随机储存策略的优点：由于储位可共用，因此只需按所有库存货品最大库存量设计整体库容即可，储区空间的使用效率较高。

随机储存策略的缺点：

①货品的出入库管理及盘点工作的开展难度较大。

②周转率高的货物可能被储存在离出入口较远的位置，增加了出入库的搬运距离。

③具有相互影响特性的货品可能相邻储存，造成货品的伤害或发生危险。

随机储存策略的适用范围：

①库房空间有限的情况。

②种类较少或体积较大的货品。

③季节性货物、物流量变化剧烈的货物。

（3）分区分类储存策略

分区分类储存策略是根据"四一致"的原则（性能一致、养护措施一致、作业手段一致、消防方法一致），把仓库划分为若干保管区域；将所有货品按照一定特性加以分类，每一类货品都有固定存放的区域，而同属一类的不同货品又按一定的原则来指派货位。

分区分类储存策略的优点：

①便于畅销品的存取，具有定位储存策略的优点。

②各分类的存储区域可根据货品特性再做设计，有助于货品的储存管理。

分区分类储存策略的缺点：

①货位必须按各项货品最大在库量设计，因此存储空间的平均利用率较低。

②较定位储存策略具有弹性，但也有与定位储存策略同样的缺点。

分区分类储存策略的适用范围：

①相关性大且经常被同时订购的货物。

②周转率差别大的货物。

③尺寸差别大的货物。

④养护措施不一致的货物。

⑤消防措施不一致的货物。

（4）分类随机储存策略

在分类随机储存策略下，每一类货物都有固定存放位置，但在各类储区内，每个货位的指派是随机的。

分类随机储存策略的优点：有分区分类储存策略的部分优点，又可以节省货位数量，提高储区利用率。

分类随机储存策略的缺点：货物出入库管理及盘点工作的开展难度较大。

分类随机储存策略兼有分区分类储存策略及随机储存策略的特点，需要的储存空间也介于两者之间。

（5）共同储存策略

共同储存策略是指在确定各货物出入库时刻的条件下，不同的货物可以共用相同的储位。共同储存在管理上虽然较复杂，所需的储存空间及搬运时间却更经济。

2.2.2.2　货位指派原则

常见的货位指派有以下几个原则。

（1）以周转率为基础的货位指派原则

该原则是指按照货物在仓库的周转率（销售量除以存货量）来排定货位。该原则的核心思想在于：将高周转率的商品或物料放置在仓库内易于存取的位置，以便快速完成拣选、出库操作，从而降低物流成本和提升客户服务响应速度。

（2）物品相关性原则

相关性大的货物经常被同时订购，因此，要尽可能将相关性大的货物存放在相邻位置，从而缩短拣货路径、减少工作人员工作量、简化清点工作。物品相关性可根据历史数据分析得到。

（3）物品同一性原则

物品同一性原则是指把同种物品存放在同一货位的原则。根据这个原则，仓库工作人员能够较快熟记货物的储位，缩短存取时间，方便盘点，提高作业效率。

（4）物品类似性原则

物品类似性原则是指将类似货物储存在相邻货位的原则。

（5）物品互补性原则

物品互补性原则是指将互补性高的货物存放于相邻货位，以便当货物发生缺货时迅速以另一种货物代之。

（6）物品相容性原则

物品相容性原则是指相容性低的货物不可放在相邻货位，以免发生货损。例如，茶叶与香皂因为容易产生气味相混，不可放在相邻货位。

（7）先进先出原则

先进先出原则是指先入库的货物先出库，适用于有效期或保质期较短的货物。

（8）堆垛原则

堆垛原则是指使用合适的托盘、货架等工具，尽可能地将货物向高处成堆码放，提高仓容利用率。

（9）面向通道原则

面向通道原则是指将货物包装中可识别的标识号、名称等面向通道，货物堆码和货架也尽可能朝向通道，以方便货物的存放和拣取。

（10）物品尺寸原则

选择货位时应考虑货物的外形、尺寸及由相同的一批货物形成的整批形状，提供合适的货位空间来满足尺寸需求。此外，一般将体积大的货物存放于进出较方便的位置。

（11）重量特性原则

重量特性原则是指按照货物重量的不同来决定货物存放位置的高低。一般而言，重物应保管于地面上或货架的下层位置，而重量小的货物应保管于货架的上层位置。当以人手进行搬运作业时，人的腰部以下高度的位置用于保管重物或大型货物，而腰部以上高度的位置用于保管重量小的货物或小型货物。

（12）物品特性原则

物品特性不仅涉及货物本身的危险及易腐性质，也可能影响其他货物。易燃物须储存在具有高度防护功能的建筑物内且安装适当的防火设备，最好是独立区隔放置。易腐品需要储存在冷冻、冷藏或其他特殊的设备内，且由专人作业与保管。易污损品可使用帆布套等覆盖。采用物品特性原则进行货位指派，能根据物品特性，运用适当的仓储设备对物品进行养护，易于管理与维护。

（13）货位表示原则

货位表示原则是指用编码等方式对货位进行明确标示的原则，可使货物存取作业简单化，减少操作错误。

（14）明晰性原则

明晰性原则是指利用视觉，使保管场所和保管品容易识别的原则。可运用颜色、看板、布条、标志符号等方式，使作业人员一目了然，且能产生联想而帮助记忆。

2.2.2.3　货位指派方式

货位指派方式依信息化使用程度可分为三种。

（1）人工指派方式

因管理者对货位管理的相关经验与应用程度的认知不同，人工指派货位会对货位指派的合理性产生影响，从而使仓库管理效率大打折扣。虽然人工指派可依据报表行事，但报表仍由人工来完成登记或读取，所以因笔误或看错而搅乱货位的管理秩序也是常有的事。

人工指派方式的优点是计算机及相关设备投入少，费用支出少，而且以人脑来指派货位的调配，弹性大。但是这种方法易受作业人员情绪影响，出错率高，效率一般；信息化程度差，需要大量人力投入，人力成本高，且过分依赖管理者的经验，执行效率较差。

人工指派若想成功，首先，指派决策人员必须熟记货位指派原则并灵活运用。其次，仓储人员必须切实遵守指派决策者的指示（最好能以书面方式指示，避免口头交代），将货物存放于指定的货位上，并且一定要把指派上架的结果记录在货位表单上。仓管人员每完成一个货位指派的内容，就必须对这个货位内容进行如实记录，货物因补货或拣选从货位移出后也必须登记消除。为了简化登记工作，可利用计算机及一些自动读取登记设备，如条码扫描读取机等。

（2）计算机辅助指派方式及计算机全自动指派方式

在货位管理中，可通过计算机控制技术进行货位指派，也可利用自动读取或识别设备来读取资料，通过无线电或网络，再配合货位监控或货位管理软件来控制货位的指派。这两种方式由于其资料输入/输出均以条码读取机扫入，故错误率低，且一切控制均为即时方式。资料扫描后，通过无线电或网络即刻把信息传回，而其中货位的搬移布置又用软件明确设立，按照所订立的法则一一执行，不会有人为的主观影响，因此在执行效率上远胜人工指派方式。其优点是不受人为因素影响，效率高，资料输出/输入错误率低。其缺点是设备费用高，维护困难。

2.2.2.4　货位编码方式

为了方便记忆与记录，用货位编号、品名、序号、卷标记录等对货位进行标识非常重要。货位编码的方法一般有下述四种。

（1）区段式

把保管区域分割成几个区段，再对每个区段进行编码。

此种编码方式以区段为单位，每个号码所标注代表的货位区域将会很大，因此适用于容易单位化的货物，以及大量或保管周期短的货物。在ABC分类中的A、B类货物也很适合这种编码方式。货物以物流量大小来决定其所占的区段大小；以进出货频率次数来决定其配置顺序。

（2）品类群式

把一些相关性货物经过集合，区分成好几个品类群，再对每个品类群进行编码。这种编码方式适用于比较容易保管的商品群类别及品牌差距大的货物，例如服饰、五金等。

（3）地址式

利用保管区域中的现成参考单位，例如是库场的第几栋或第几保管区、排、行、层、格等，依照其相关顺序来进行编码。这些编码方式所标注代表的区域通常以一个货位为限，且有相对顺序可依循，使用起来明了方便，是仓储中心使用最多的编码方式。受货位体积所限，适合一些存储量较少的货物（例如ABC分类中的C类货物），或单价高的货物。

我国仓库原来常用的四号定位法、六号定位法，就是这种方法的体现。四号定位法是由库房号、料架（垛）号、料架（垛）层号和料位顺序号等四个号数来表示一个货位，只要知道这个编号，就知道某种商品存放在几号库房、几号料架、料架的第几层以及该层的哪一个货位，查寻料位非常方便。六号定位法是按库号、仓位号、货架号、层号、订单号、物料编号等六个号数对物料进行归类叠放，登记造册，并填制"物料储位图"，以便迅速查找物料的调仓的一种方法，适用于体积较小、用规则容器盛装、产品品种较少的货物。

（4）坐标式

坐标式货位编码是指利用x、y、z空间坐标对货位进行编码的方式，这种编排方式由于对每个货位定位切割细小，在管理上比较复杂，对于流通率很小、需要长时间存放的货物比较适用。

一般而言，由于储存货物的特性不同，所适合采用的货位编码方式也不同，如何选择编码方式就得按照保管货物的储存量、流动率、保管空间布置以及所使用的保管设备的特征来做选择。不同的编码方法对管理难易也有影响，必须综合考虑上述因素及信息管理设备，才能选用适宜的方式。如果采用计算机管理，货位的编码会相对简单。

2.2.3 盘点作业

货物储存一段时间后，需要进行盘点，以查清实际库存数量，并通过盈亏调整使库存账面数量与实际库存数量一致。盘点作业还需要查明库存盈亏的原因，发现作业与管理中存在的问题，并通过解决问题来改善作业流程和作业方式，提高人员素质和企业管理水平。

（1）盘点工作的内容

盘点工作的内容包括查数量、查质量、查保管条件三个方面。

①查数量。通过点数计数查明物品在库的实际数量，核对库存账面资料与实际库存数量是否一致。

②查质量。检查在库物品质量有无变化、有无超过有效期和保质期、有无长期积压等现象，必要时还必须对物品进行技术检验。

③查保管条件。检查保管条件是否与各种物品的保管要求相符合。

（2）盘点作业的准备工作

盘点前要做好准备工作，确定盘点时间。

①盘点前的准备。准备工作包括：明确建立盘点的程序方法；配合会计决算进行盘点；对盘点、复盘、监盘人员进行培训；使受训人员熟悉盘点用的表单；准备盘点用的表格；结清库存资料。仓库盘点作业的事先准备工作充分程度，决定了仓库盘点作业开展的顺利程度。

②确定盘点时间。为保证账物相符，货物盘点次数越多越好，但盘点需投入人力、物力、财力，所以合理地确定盘点时间非常必要。决定盘点时间时，要争取在有限资源条件下尽量减少盘点用时。根据货物性质制定不同的盘点时间，如 ABC 库存分类后，对 A 类、B 类、C 类库存可采用不同的盘点周期。盘点日期一般会选择在财务结算前夕和非营业时间或营业淡季进行。

（3）盘点方法

因为不同现场对盘点的要求不同，盘点的方法也会有差异，为尽可能快速准确地完成仓库盘点作业，必须根据实际需要确定盘点方法。常见的盘点方法有账面盘点法、循环盘点法、重点盘点法、全面盘点法和低位盘点法。

①账面盘点法，也称永续盘点法，是指为每一种商品分别设立"存货账卡"，然后将每一种商品的出入库数量及有关信息记录在账面上，逐笔汇总出账面库存结余量。账面盘点法是一种不定期盘点法，它的最大特点是只盘有出入库业务发生的

物料，这样可以大幅度减轻盘点的工作量，因此是仓库自盘最常采用的盘点方法之一。适用于价值高、需要严格控制的A类物料。

②循环盘点法，是将库存物料进行分区或分类，然后按照一定的周期（每日、每周等），逐区、逐类地进行分批盘点的一种盘点方法。循环盘点每次只盘点一个区域或一部分物料，在一个循环周期内分批分次地完成全部物料的盘点，在有效保证库存准确性的同时减轻单次仓库盘点的压力和盘点工作量。循环盘点法是一种定期盘点方法，也是仓库日常盘点（仓库自盘）采用最广泛的一种盘点方法。

③重点盘点法，是按照帕累托原则的思路，找出库存的重点物料（比如收发频次高的、容易损耗的、价格昂贵的等），然后对这些重点物料进行定期或不定期清盘对账，保证账实相符的一种盘点方法。重点盘点法适用于进出频率高、易损易耗的物资，这样可以防止出现偏差。

④全面盘点法，是对在库的所有物料进行全部清盘的一种盘点方法。全面盘点法是有效彻底的盘点方法，但盘点成本也最高，一般定期进行（比如月末、年末），但也有临时组织的，比如仓管人员交接或发生重大事件。

⑤低位盘点法，或称低水位盘点，是指定期（比如每天）监控物料的库存量，当物料的库存量低于事前设定的"一定水平"库存量时，即对该物料进行清盘和对账，以保证账实相符。"一定水平"的库存量需要事前设定（当然可依实际进行调整），通常根据企业和仓库的实际情况而确定，常用的设定方法有低于安全库存、低于几天的日均用量等。低位盘点法适用于以下情况：库存品种多，库存量较大，仓库人手不够并无法长时间停止出入库作业去进行盘点的仓库；断料频次较高并且断料成为生产或发货困扰的仓库；无法为物料控制计划提供准确库存的仓库；库存已经相对准确但SKU数量非常大的仓库。

（4）盘点人员的培训

通常需要对盘点人员进行培训，使盘点人员熟悉盘点现场、盘点物品以及能正确填制表格和单证。

（5）盘点现场的清理

盘点现场即仓库的作业区域，仓库盘点作业开始之前必须对其进行整理，以提高仓库盘点作业的效率和盘点结果的准确性。

（6）仓库盘点作业

仓库盘点作业的关键是点数，由于手工点数工作强度极大，差错率较高，通常可采用条形码进行盘点，以提高盘点的速度和精确性。

（7）查找出现差异的原因

通过盘点发现账物不符，而且差异超过容许误差时，应立即追查产生差异的主要原因。

（8）盘点中对盘盈、盘亏的处理

查明差异原因后，应针对主要原因进行适当的调整与处理，而且呆滞品、废品、不良品减价的部分需与盘亏一并处理。

（9）盘点结果的评估检讨

通过对盘点结果的评估，可以查出作业和管理中存在的问题并通过解决问题提高仓储管理水平，以减少仓储损失。可以通过下列六项指标对盘点结果进行评估：

①盘点数量误差＝实际库存数－账目库存数

②盘点数量误差率＝盘点数量/实际库存数×100%

③盘点品项误差率＝盘点误差品项数/盘点实际品项数×100%

④盘点次数比率＝盘点误差次数/盘点执行次数×100%

⑤平均每件盘差金额＝盘差误差金额/盘差总件数

⑥平均每品项盘差次数率＝盘差次数/盘差品项数×100%

2.3　出库作业

货物出库是商品离开仓库时所进行的验证、配货、点交、复核、登账等工作的总称，是仓库业务活动的最终环节。

2.3.1　货物出库的基本要求

货物出库应满足先进先出和"三不三核五检查"的要求。

（1）先进先出

出库作业应根据货物入库时间先后，实现先进先出，以保证出库货物质量。尤其是对于易变质、易腐蚀的货物，应加快周转。

（2）"三不三核五检查"

"三不"，即未接单据不翻账，未经审单不备货，未经复核不出库；"三核"，即在发货时，要核实凭证、核对账卡、核对实物；"五检查"，即对单据和实物要进行品名检查、规格检查、包装检查、件数检查、重量检查。具体来说，商品出库要求严格执行各项规章制度，提高服务质量，使用户满意。"三不三核五检查"框架可系统化控制人为失误、设备故障及环境风险，实现"精准、快速、可追溯"的出库目标。

2.3.2 出库方式

常见的出库方式有自提、送货、过户、转仓、取样等。

（1）自提

自提是指由收货人或其代理持"提货单"直接到仓库提取货物，仓库凭单发货。这种方式具有"提单到库，随到随发，自提自运"的特点，货物的交接手续在仓库现场办理，双方即可划清交接责任。

（2）送货

送货是仓库根据货主单位预先送来的"提货单"或"出库通知(请求)"，通过发货作业，把应发商品交由运输部门送达收货单位或者使用仓库的自有车辆将货物送至收货地点的发货形式。

（3）过户

过户是一种就地划拨的形式，商品虽未出库，但是所有权已从原库存货户主转移到新存货户主。

（4）转仓

转仓是指货主单位为了业务方便或改变储存条件，将某批库存商品自甲库转移到乙库。

（5）取样

取样是指货主单位出于对商品质量检验、样品陈列等需要，到仓库提取货样。

2.3.3 出库作业流程

不同仓库在货物出库的作业流程上会有所不同，操作人员的分工也有粗有细，但就整个发货作业的过程而言，一般都是跟随着货物在库内的流向，或出库单的流转而构成各工种的衔接。出库程序包括出库准备—核单—备料—复核—包装—点交—登账—清点。

（1）出库准备

由于出库工作涉及人员多、处理时间紧、工作量大，因此，事先对出库作业做出合理计划，安排好作业人员和机械，保证各个环节的紧密衔接，是十分必要的。出库准备工作主要包括三方面内容：待运货物的仓容、理货场地、装卸设备、工具和人员的安排调配；包装材料、工具、用品的准备。

（2）核单

发放商品必须有正式的出库凭证，严禁无单或白条发料。保管员接到出库凭证后，应仔细核对，这就是出库业务的核单（验单）工作。首先，审核出库凭证的合法性和真实性；其次，核对商品品名、型号、规格、单价、数量、收货单位、到站、银行账号；最后，审核出库凭证的有效期等。如属自提商品，还须检查有无财务部门准许发货的签章。

（3）备料

备料主要包括拣货与签单两个过程。拣货作业是按客户订单的要求将出库货物放在指定位置的物流活动，常见的拣货方式有按订单拣货与批量拣货。签单是指保管员在出库凭证上签名并批注结存数。备料出库货物应附有质量证明书或抄件、磅码单、装箱单等。机电设备等配件产品，其说明书及合格证应随货同到。

（4）复核

为防止差错，备料后应立即进行复核。出库的复核形式主要有专职复核、交叉复核和环环复核三种。除此之外，在发货作业的各个环节，都贯穿着复核工作。例如，理货员核对单货，守护员（门卫）凭票放行，账务员（保管会计）核对账单（票）等。这些分散的复核形式，起到了分头把关的作用，都有助于提高仓库发货业务的工作质量。复核的主要内容包括品种数量是否准确，商品质量是否完好，配套是否齐全，技术证件是否齐备，外观质量和包装是否完好，等等。复核后保管员和复核员应在相应单据上签名。

（5）包装

出库的货物如果没有符合运输方式所要求的包装，应根据运输要求进行包装。根据商品的外形特点、重量、尺寸，选用便于装卸和搬运的包装材料。出库商品的包装，要求干燥、牢固，如有破损、潮湿、捆扎松散等不能保障商品在运输途中安全的，应加固整理，做到破包破箱不出库。此外，各类包装容器，若外包装上有水湿、油迹、污损等，均不许出库。另外，在包装中严禁相互影响或性能相互抵触的商品混合包装；包装后，要写明收货单位、到站、发货号、本批总件数、发货单位等。

（6）点交

商品经复核后，如果是本单位内部领料，则将商品和单据当面点交给提货人，办清交接手续；如系送料或将商品调出本单位办理托运的，则与送料人员或运输部门办理交接手续，当面将商品交点清楚。交清后，提货人员应在出库凭证上签章。

（7）登账

点交后，保管员应在出库单上填写实发数、发货日期等内容，并签名。然后将出库单连同有关证件资料，及时交给货主，以使货主办理货款结算。保管员把留存的一联出库凭证交给实物明细账登记人员登记做账。

（8）清点

现场清理包括清理库存商品、库房、场地、设备和工具等；档案清理是指对收发、保养、盈亏数量和垛位安排等情况进行分析。

在整个出库业务程序中，复核和点交是两个最为关键的环节。复核是防止差错的重要和必不可少的措施，而点交则是划清仓库和提货方两者责任的必要手段。

2.4 越库作业

越库（cross docking）是一种高效的物流策略，其核心理念是货物从接收直接过渡到发货，通过仓库时减少搬运和存储步骤，以缩短流程时间并降低存储空间需求。这种操作显著降低了仓储成本，对于提升供应链的整体表现至关重要。这种模式实质上是将仓库的功能简化为一个"交接点"，而不是传统的仓储空间。当供应商的货物送达越库中心时，不经过长时间储存，而是立即进行快速理货和分拣，直接根据客户订单需求重新装载到出货车辆上，随后迅速运往最终目的地。

美国仓储教育与研究协会（Warehousing Education and Research Council，WERC）对越库的定义是：去往同一目的地的货物在作业场所迅速集中配载，不经过长时间的存储，以便尽早运出的过程。这个定义明确了越库的三个核心特征：集中配载、少经存储和过程迅速。

2.4.1 越库情况

越库有以下三种情况。

情况1：签收的产品数量 = 越库订单的产品数量

情况2：签收的产品数量 > 越库订单的产品数量

情况3：签收的产品数量 < 越库订单的产品数量

情况1最简单，只需要考虑越库的订单数是否大于1，若大于1，则需要对签收的产品做一个分拣，然后打包出库。

情况2是签收的产品只有一部分需要越库，剩余的部分需要上架。

情况3比较复杂，要么是仓库中有一定数量的产品，只需要采购剩余部分的产品就能够满足越库单；要么是在短时间内只能采购一部分产品，而且用户接受部分发货。

上述三种情况的图解见图2-1。

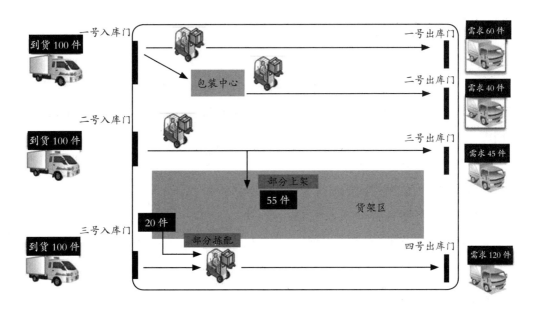

图2-1　三种越库情况示意

越库作业之所以引起广泛关注，主要是因为：

①对大批量、较稳定的需求，并不需要每次都采取订购模式来运作，这将给供应链各环节（尤其是供货商或分销商）带来不必要的库存。因此，零售商转而寻求越库方式来减少库存。

②对稳定而小批量的需求，采用越库技术来代替零担运输，可大大降低运输成本。

③昂贵的库存费用。

④商品本身对时间上的要求，例如快递、保鲜食品等。

2.4.2　越库作业的类型

按照不同的企业类型可以将越库作业分为四类。

（1）制造型越库

接收及整合入货供应是为了实现准时制造。例如，制造商可能会将仓库建在工厂附近，并将它作为准备零件或整合配套元件的配送地。由于需求可以直接从 MRP 系统预知，零件到达仓库后，按照要求进行简单处理就直接运到车间，无须存储。

（2）销售型越库

整合不同供货商送往同一客户的货物，进行分拣、打包后直接运至各零售商处。例如，计算机分销商经常将来自不同制造商的零件依据客户订单需求及时整合、打包，由一辆车运至客户处。

（3）运输型越库

许多物流公司为将不同客户的货物集中装在一起，以获得规模经济的效益，会对到达仓库的各种零担运输和小包装货物进行重新打包，便于一车装运以节约运输费用。

（4）零售型越库

从多个供应商处获得商品后，在仓库按照各零售店预先送到的订单将货物分拣装车，直接运至各零售店。

上述四种越库作业类型的共同特点是在接收货物前，其目的地已知，从而在极短的循环周期内实现货物整合。

2.4.3 越库作业的实现条件

企业实施越库作业主要考虑以下几个方面：市场需求情况稳定、供应链各环节之间的协调程度好、整个供应链之间的信息流通顺畅、强大的第三方物流以及高质量的产品等。

（1）市场需求情况稳定

通常一种产品如果符合下述两个标准就可以选择实施越库作业：需求变化小、需求量大。在这一点上，越库作业与准时制造很相似。迈达·纳波利塔诺（Maida Napolitano）在 2000 年出版的著作《越库配送：供应链管理中的集成解决方案》中提出：越库作业是准时制在分销领域的应用。只有当货物的需求为定值并且仓库能够安排任意时刻到达的任意数量的货物时，越库作业才可以实施。如果需求不确定，使供应与需求相匹配是非常困难的，越库作业就很难实施。除此之外，还要有较大的需求量，来保证越库中心持续作业。如果需求量过低，频繁运送小批量货物会增加运输费用，这时选择仓库存储作业也许更具有经济效益。

（2）供应链各环节之间的协调程度好

从管理角度来看，越库作业是一个复杂的运作过程，需要分销商、供应商及客户之间广泛的协调与合作。尤其是在实施越库作业的最初阶段，供应链各成员都会经历设备投入、设施完善等造成的费用增加。尽管这些费用在后期可以通过越库作业补偿，但需要一定的时间。另外，由哪一方负责贴条形码或标价，由哪一方负责开发信息管理系统软件等，这些问题都需要供应链各成员进行充分的协调与合作。

（3）整个供应链之间的信息流通顺畅

越库作业要求在供应链各成员间建立强大的信息共享系统来实现整个供应链的资源共享，以实现事先分配和及时连接，并协助完成大量的数据处理。另外，整个供应链使用通用条形码和标准化的包装，也是简化产品流动过程中的处理程序、提升越库作业效率的必要条件。

（4）强大的第三方物流

越库作业对运输环节有相当高的要求：设备先进、效率高、及时性好、管理严格，运输过程中绝不能出现任何差错。这就需要第三方物流公司有先进的管理技术和可靠的运输手段，以及充足的运输设备。

（5）高质量的产品

在越库作业中，产品到达仓库后，因快速流通的要求，只对产品进行简单的分装与组配，无法对产品的质量进行仔细检查，这就要求供应商严把质量关，确保产品的顺利流通。

2.4.4　越库作业的操作过程

越库作业包含以下操作过程。

①入库货物在仓库装卸码头卸载、收货；

②货物根据目的地进行分类、重组；

③货物装载到出库卡车上（这些卡车通常按计划及时到达装货点）；

④出库卡车出发前往各自的目的地；

⑤下一拨入库货物再次循环该过程。

2.4.5　越库作业的优点

传统的仓储模式中，仓库持有存货，当客户订单到达后，工作人员依据订单从货架上拣选货物，然后打包运出。其补货策略主要基于仓库存货量来确定补货订单。

在越库作业中，配送中心库存极少，在接到客户订单后向上级供应商提货，其补货策略是基于客户订单需求而确定补货订单，货物不进行长期储存。

因此，与传统仓储模式相比，越库作业的优势非常明显：降低分销成本、减少货物的仓储空间、降低零售商的库存、减少整个供应链的仓库数量、降低库存成本及装卸成本、降低货物破损率、提高分销中心的利用率、整合订单以提高客户响应水平等。同时，该种配送模式完全符合准时制策略，可为企业实施准时制造提供保障。

2.5 仓储业务的数智化管理

仓储业务的数智化管理主要是通过仓库数智化管理系统实现的。通过数智化管理系统，仓库能够帮助企业高效、精确地管理仓库的货物和资产，提高企业的管理效率和降低成本。下文主要对仓库数智化管理系统的功能与优势进行论述，并给出了相应案例。

2.5.1 仓库数智化管理系统的功能

仓库数智化管理系统主要包括如下功能。

（1）库存管理

自动统计库存数据，帮助企业管理存货数量、种类、质量等，可以实现全自动化的库存管理，有效降低存货管理失误导致的损失。

（2）入库管理

帮助企业对进库货物的质量、数量、来源等信息进行准确、完整记录，确保物品在入库前得到充分的检查和审批，能及时发现入库货物问题和追踪责任，提高入库效率和管理水平。

（3）出库管理

实行对出货申请的审核和审批，能根据货物的种类、规格等自动匹配出货物流方案。自动化的出库管理极大地提高了出货速度和准确性。

（4）物流管理

可以及时掌握货物在运输过程中的状态，能自动发出提醒，保证货物安全有序地到达目的地。同时，该系统也能为企业提供运输方案，根据货物种类、客户要求等进行智能匹配，给企业的物流处理带来方便和效率。

（5）统计分析

通过对库存、出货、入货等数据进行可视化展示，帮助企业及时了解库存状况、货物流向、经营状况等，并提供数据分析报告，帮助企业管理人员更好地掌握业务情况和制定管理策略。

2.5.2　仓库数智化管理系统的优势

仓库数智化管理系统具备如下优势。

（1）提高工作效率，节约人力成本

自动、智能的库存数据收集和管理，提升出入库的效率和准确性，减少员工加班和错误率，降低物流和人力成本。

（2）合理监测与控制库存

系统实时监测库存情况，精准统计货物种类、数量、状态等信息，能够做到安全防损、精准管控。企业可以根据实际需求合理安排库存，减少库存积压和滞销商品。

（3）提升客户服务质量

企业能够更好地掌握货物流向和发货速度，及时调整货物配送计划，提高快递时效和服务质量，增强客户对企业的满意度。

（4）提高企业管理水平

仓库数智化管理系统可以自动统计各项数据，生成详细的汇总报表和分析报告，帮助企业管理者更全面了解业务状况，及时发现和解决问题，提高决策准确度和管理水平。

2.5.3　仓库数智化管理案例

智能化仓储　可视化监管

——江山市粮食收储管理"搭"上数智化快车

截至 2023 年 8 月 1 日，江山市粮食收储公司累计收购早稻 6362 吨，完成旺季收购量的 16％。粮食丰收既要田间谷物颗粒归仓，又要确保粮食生产"后半程"从存储到运输再到加工的每一个环节都不能"掉链子"。

2023 年 7 月 26 日上午，一辆辆装满金黄稻谷的运输车驶入市中心粮库进行抽样质检。在质检室，6 名化验员分工合作，将质检结果上传至"浙江粮仓"数字化协同应用平台。在开单室外，驾驶员夏祥兴在大屏幕上立刻就看到了粮油等级、杂质、整精米率等数据。"以前我们只是知道粮食合格还是不合格，详细的项目和数据是不知道的，现在都一目了然。"夏祥兴说。这一数字化平台运用物联网、大数据、云计算等先进信息技术，实现智能化仓储管理、可视化远程监管，确保储备粮安全。

经称重计量，稻谷从散装运输车卸粮口缓缓流到输送带上，源源不断地送进粮仓，整个流程基本实现自动化。江山市中心粮库副主任姜笠凯带领笔者进入 P6 号粮仓，查看粮仓里的"智慧设计"。粮堆下分布着密密麻麻的探测器和接收器，光是温度传感器就有 5 排、10 列、4 层，共计 200 个。通过智能技术，工作人员只需点击鼠标就能检查粮仓内的温度、湿度、虫害等指标。"我们预埋在粮堆中的粮温线能够反映出粮温变化情况，及时对粮温异常的点做出处理。目前，我们结合空调系统，把粮温控制在 25 摄氏度及以下。"姜笠凯说。

粮堆上覆盖了一层厚厚的塑料膜，工作人员正在利用系统为粮仓注入氮气。"我们利用氮气气调储粮技术，将氮气提纯后充入粮堆。一般情况下，粮堆氮气浓度必须达到 95％及以上，才能有效地抑制粮堆病虫害发生。"姜笠凯说。据了解，每个粮仓内还预埋了二十几个固定点位虫害检测器，将虫子诱导进检测器。来到中心控制室，姜笠凯指着大屏幕解释，收集反馈的数据都会显示在大屏幕上，明确标出害虫的种类和数量，方便技术人员及时了解粮情，并对异常情况作出有效处理。

江山市中心粮库不仅能够通过智能技术实现智能化储粮，还能通过 AI 监管模块管理整个粮库。18 时许，大屏幕上显示"出入库异常—夜间作业"预警。原来，目前正处于夏粮收购期，为了更好地服务农民，江山市中心粮库延长了收购时间，18 时 30 分才结束收购作业，系统因此判定异常。江山市中心粮库信息化管理员杨书鑫介绍，该系统在云端实时运行，每两周进行一次小更新，每一个月进行一次大更新。

江山市粮食和物资储备局相关负责人表示，"浙江粮食"系统不断更新优化完善，"搭"上了数智化快车，让粮食管理工作正变得更加规范、有序、高效。

（案例来源：《智能化仓储管理　可视化远程监管：我市粮食收储管理"搭"上数智化快车》，《今日江山》，2023 年 8 月 1 日第 1 版。）

课后思考题

1.仓储作业流程包括哪几部分？简述各部分的内容。

2.常见的拣货方式有哪几种？各自的作业特点是什么？

3.什么是越库？越库的类型有哪些？适用的条件是什么？

4.论述越库的实施过程。

5.结合仓储作业流程，谈谈数智化在仓储作业流程中的应用。

本章课件

第 3 章
仓储安全管理与物品养护

本章讨论仓储的安全管理与物品养护，提出可以通过全面数智化升级管理以预防和应对潜在的安全风险。

3.1　仓库安全管理

仓库安全管理，就是要及时发现并消除库内各种危险隐患，有效防止灾害事故的发生，保护仓库中人、财、物的安全，在发生事故、安全问题时，能够采取有效措施降低损失的程度，保证仓储的正常、安全运作。因而做好仓库的安全管理工作直接影响到企业的生存和发展，是仓储管理工作的首要任务，也是每个工作人员的基本职责。仓库的安全管理工作包括治安保卫管理、消防管理、其他安全管理等。

3.1.1　仓库治安保卫管理

仓库治安保卫管理是仓库为了防范、制止恶性侵权行为、意外事故对仓库及仓储财产的侵害和破坏，并维护仓储环境的稳定，保证仓储生产经营的顺利开展所进行的管理，其具体内容包括但不限于以下几个方面。

（1）制度建设

仓库治安保卫管理的制度建设要求如下。

①制定和实施仓库治安保卫管理制度，明确职责分工，建立从管理层到基层员工的逐级治安责任体系。仓库治安保卫管理制度是确保仓库内物资安全、防止损失和保障人员生命财产安全的重要管理规范。

②制定出入库货物及人员的登记检查制度，对所有进入仓库区域的人、车、物进行严格管控。

（2）物理防护设施建设

仓库物理防护设施建设是确保仓库安全、保护库存物资不受损害以及防范各类潜在风险的关键环节，具体措施包括但不限于以下几点。

①围栏及门禁系统。在仓库周边设置坚固的围栏，并安装电子门禁系统，如刷卡、生物识别等技术，对进出人员进行严格控制和记录。重要入口应配备防撞设施和警示标志，防止车辆撞击或无关人员闯入。

②监控摄像头与报警系统。布置全方位无死角的视频监控系统，包括高清摄像头、夜视功能设备等，实时监控仓库内外情况。安装入侵报警系统，一旦发生非法入侵或异常行为，系统能立即触发警报并通知安保部门。

③防火设施。根据国家消防法规和标准建设防火墙、防火卷帘门等防火分隔设施，以限制火势蔓延。配备足够的灭火器、消火栓、自动喷水灭火系统、气体灭火系统等消防器材，并定期检查维护。

④防爆与防尘设施。对于存放易燃易爆物品的区域，需按照相关规范设立专用防爆仓库，使用防爆电气设备，以及安装必要的泄压设施。对于粉尘较大的存储环境，应采取有效的防尘措施，比如安装吸尘装置、做好物料密封等。

⑤防潮防腐设施。对于易受湿度影响的货物，可以配置除湿机、干燥剂或者选择具备良好通风和排水条件的库房。对于易腐蚀品，采用防腐材料建造仓库或在储存容器上施加防腐处理。

⑥防盗设施。货架和存储区应设计成易于观察但难以直接接触的状态，可考虑设置防攀爬设施。对于贵重物品和高价值产品，采用具有防盗功能的安全柜或专门的保险库储存。

⑦安全疏散通道。明确标示紧急出口，保证疏散通道畅通无阻，并符合消防安全疏散要求，必要时设置应急照明和指示标识。

（3）人员管理与培训

仓库治安保卫的人员管理与培训要求如下。

①人员配置与选拔。根据仓库规模、货物特性、安全风险等级等因素，科学合理地设置专职或兼职的安全管理人员岗位。选拔具备较强责任心、熟悉仓储业务流程、了解国家相关法律法规和行业标准的安全管理人员，并通过背景调查等手段确认其职业操守。

②明确岗位职责与权限。明确安全管理人员的职责范围，如执行日常安全巡查、监督作业规范、排查安全隐患、组织应急演练等。合理分配安全管理权限，确保安全管理人员在发现隐患时有权及时采取纠正措施，并能有效参与制定和更新安全规章制度。

③设定绩效考核体系。设定绩效考核体系，将安全生产指标纳入考核内容，激励安全管理人员积极履行职责，提高安全管理效率。

④专业技能培训与持续教育。定期开展消防安全、危险品管理、特种设备操作、应急预案编制与实施等方面的专项培训，确保安全管理人员掌握必备的专业技能。参加外部安全研讨会、培训课程以及内部经验交流活动，保持对最新安全管理理念和技术的了解与应用。

⑤应急管理与实战演练。制订全面详尽的各类应急预案，并定期组织消防疏散、紧急救援、防灾减灾等实战演练，提升安全管理人员应对突发事件的能力。对演练进行总结评估，针对问题和不足之处进行改进，优化应急预案并提高整体应急

响应水平。

（4）建立合作联动机制

与当地公安机关、消防机构保持紧密联系，及时报告安全隐患和治安问题，共同维护仓库周边环境的安全稳定。

3.1.2 仓库消防管理

下文分析仓库火灾的特点、成因、种类与仓库防火。

3.1.2.1 仓库火灾的特点

仓库火灾具有以下几个显著特点。

①火势蔓延迅速。仓库通常存储大量货物，尤其是易燃或可燃物资堆积紧密，一旦起火，火源会快速将热量和火焰传递给周围的货物，导致火势在短时间内迅速扩大。

②燃烧猛烈且持续时间长。仓库内货物量大、种类繁多，有些货物可能含有高能量的化学物质，使得火灾更为剧烈。同时，货物品类复杂，可能导致多种不同的燃烧反应，加大了扑救难度，延长了灭火时间。

③产生大量浓烟及有毒气体。火灾过程中，各类货物在高温下分解产生大量浓烟和有毒有害气体，对消防人员的生命安全构成严重威胁，并可能导致仓库内部能见度极低，影响救援行动。

④结构坍塌风险增大。大型仓库建筑物跨度大、层高较高，火灾可能导致建筑钢结构受热变形，增加结构倒塌的风险，不仅危及消防人员的安全，也可能造成更大的财产损失。

⑤水源供给与灭火资源需求量大。扑灭仓库火灾需要大量的水和其他灭火资源，尤其是在大型仓储设施中，对灭火剂的需求量极大，而且需要长时间连续供应以确保火势得到控制和熄灭。

⑥次生灾害的可能性增多。如若仓库内存放有危险化学品等特殊物资，火灾可能会引发爆炸、泄漏等次生灾害，进一步加剧火势并扩大事故范围。

综上所述，仓库火灾的特点决定了其救援工作难度大、风险高，需要科学合理的预防措施和高效的应急响应机制来降低火灾发生概率和减少火灾造成的损失。

3.1.2.2 仓库火灾的成因

仓库火灾往往由多种因素共同作用或单一严重隐患导致，以下是几个主要的成因。

①火源控制不当。火源有明火源与电气火源两种。仓库内吸烟、焊接作业产生的火花、使用打火机等明火工具不慎都可能引燃货物。电线短路、过载发热，或是电器设备老化、故障也会导致起火。

②物料储存不规范。材料混杂堆放，易燃、可燃物品与非易燃物品未进行有效隔离，使得火势容易迅速蔓延。存储密度过大，货物堆垛过高过密，影响空气流通，一旦发生火灾，火势难以控制并可能造成坍塌风险。

③消防设施失效或缺失。消防设施维护保养不足，如灭火器过期、消火栓无水、自动喷淋系统损坏等，无法在火灾初期及时扑救。火灾报警系统失灵或未安装，会延误火灾发现和处置的时间窗口。

④管理不善及操作失误。人员安全意识淡薄，违章用火用电，违规操作机械设备，都会增加火灾风险。

⑤危险品管理缺陷。对于存储的危险化学品、易燃易爆物品等特殊物资，如果储存条件不符合规定，或泄漏、接触点火源，极易引发爆炸性火灾。

⑥外部因素的引入。外部火源通过窗户、通风口等途径进入仓库，引燃内部货物；或者邻近建筑物或其他区域的火灾蔓延至仓库。

综上所述，预防仓库火灾需要从加强火源管理、优化物料存储方式、定期检查维护消防设施、提高员工安全教育和培训、严格危险品管理以及防止外部火源侵入等多个维度进行综合防控。

3.1.2.3 仓库火灾的种类

依据引发火灾的物质特性，仓库火灾常见有如下类型。

①固体物质火灾，通常由木材、纸张、纺织品、塑料、橡胶等固体可燃物品燃烧引起。在仓库中，由于大量堆放此类货物，一旦发生火灾，火势就可能迅速蔓延。

②液体及可熔化固体火灾，如燃料、油漆、溶剂、油脂等易燃或可燃液体，以及蜡烛、石蜡等可熔化固体，着火后会形成流淌火源，加大扑救难度，并可能引燃周边其他货物。

③气体火灾，常见于储存液化石油气、天然气、压缩空气等气体的仓库中，由气体泄漏并遇到火源引起。这类火灾具有爆炸风险，火势迅猛且难以控制。

④电气火灾，通常由仓库内的电器设备短路、过载发热或电线老化破损等引起。此类火灾初期可能无明火，仅表现为烟雾和热量积聚，若不及时发现和处理，

可能会迅速恶化。

⑤特殊物品火灾，包括化学品仓库、危险品仓库中的火灾，如易燃易爆物品（如炸药、烟花爆竹）、有毒有害物品等引发的火灾。这些火灾不仅火势猛烈，还伴随着巨大的爆炸风险和环境污染风险。

⑥混合性火灾。在实际情况下，仓库火灾往往可能是上述几种类型的混合体，例如既有固体物质燃烧，又有液体流淌火源，甚至伴有气体泄漏或电气问题，这大大增加了灭火救援的复杂性和危险性。

针对不同的仓库火灾类型，需要制订有针对性的防火措施和应急预案，并配备相应的消防设施与器材进行有效预防和处置。

3.1.2.4 仓库防火

根据《仓储场所消防安全管理通则》（XF 1131—2014），应从以下几个方面进行仓库防火。

（1）储存管理

仓库防火对储存管理的要求如下。

①仓储场所对于储存物品的火灾危险性应按《建筑防火通用规范》（GB 55037—2022）的规定分为甲、乙、丙、丁、戊 5 类。

②仓储场所内不应搭建临时性的建筑物或构筑物；因装卸作业等确需搭建时，应经消防安全责任人或消防安全管理人审批同意，并明确防火责任人、落实临时防火措施，作业结束后应立即拆除。

③室内储存场所不应设置员工宿舍。甲、乙类物品的室内储存场所内不应设办公室。其他室内储存场所确需设办公室时，其耐火等级应为一、二级，且门、窗应直通库外。

④甲、乙、丙类物品的室内储存场所其库房布局、储存类别及核定的最大储存量不应擅自改变。如需改建、扩建或变更使用用途的，应依法向当地公安机关消防机构办理建设工程消防设计审核、验收或备案手续。

⑤物品入库前应有专人负责检查，确认无火种等隐患后，方准入库。

⑥库房储存物资应严格按照设计单位划定的堆装区域线和核定的存放量储存。

⑦库房内储存物品应分类、分堆、限额存放。每个堆垛的面积不应大于 $150\ m^2$。库房内主通道的宽度不应小于 2 m。

⑧库房内堆放物品应满足以下要求：

a)堆垛上部与楼板、平屋顶之间的距离不小于 0.3 m（人字屋架从横梁算起）；

b)物品与照明灯之间的距离不小于 0.5 m；

c)物品与墙之间的距离不小于 0.5 m；

d)物品堆垛与柱之间的距离不小于 0.3 m；

e)物品堆垛与堆垛之间的距离不小于 1 m。

⑨库房内需要设置货架堆放物品时，货架应采用非燃烧材料制作。货架不应遮挡消火栓、自动喷淋系统喷头以及排烟口。

⑩甲、乙类物品的储存除执行《危险化学品仓库储存通则》（GB 15603—2022）的要求外，还应满足以下要求：

a)甲、乙类物品和一般物品以及容易相互发生化学反应或灭火方法不同的物品，应分间、分库储存，并在醒目处悬挂安全警示牌标明储存物品的名称、性质和灭火方法。

b)甲、乙类桶装液体，不应露天存放。必须露天存放时，在炎热季节应采取隔热、降温措施。

c)甲、乙类物品的包装容器应牢固、密封，发现破损、残缺，变形和物品变质、分解等情况时，应及时进行安全处理，防止跑、冒、滴、漏。

d)易自燃或遇水分解的物品应在温度较低、通风良好和空气干燥的场所储存，并安装专用仪器定时检测，严格控制湿度与温度。

⑪室外储存应满足以下要求：

a)室外储存物品应分类、分组和分堆（垛）储存。堆垛与堆垛之间的防火间距不应小于 4 m，组与组之间的防火间距不应小于堆垛高度的 2 倍，且不应小于 10 m。室外储存场所的总储量以及与其他建筑物、铁路、道路、架空电力线的防火间距应符合《建筑防火通用规范》（GB 55037—2022）的规定。

b)室外储存区不应堆积可燃性杂物，并应控制植被、杂草生长，定期清理。

⑫将室内储存物品转至室外临时储存时，应采取相应的防火措施，并尽快转为室内储存。

⑬物品质量不应超过楼地面的安全载荷，当储存吸水性物品时，应考虑灭火时可能吸收的水的质量。

⑭储存物品与风管、供暖管道、散热器的距离不应小于 0.5 m，与供暖机组、风管炉、烟道之间的距离在各个方向上都不应小于 1 m。

⑮使用过的油棉纱、油手套等沾油纤维物品以及可燃包装材料应存放在指定的安全地点，并定期处理。

（2）装卸安全管理

仓库防火对装卸安全管理的要求如下。

①进入仓储场所的机动车辆应符合国家规定的消防安全要求，并应经消防安全责任人或消防安全管理人批准。

②进入易燃、可燃物资储存场所的蒸汽机车和内燃机车应设置防火罩。蒸汽机车应关闭风箱和送风器，并不应在库区内清炉。

③汽车、拖拉机不应进入甲、乙、丙类物品的室内储存场所。进入甲、乙类物品室内储存场所的电瓶车，铲车应为防爆型；进入丙类物品室内储存场所的电瓶车、铲车和其他能产生火花的装卸设备应安装防止火花溅出的安全装置。

④储存危险物品和易燃物资的室内储存场所，设有吊装机械设备的金属钩爪及其他操作工具的，应采用不易产生火花的金属材料制造，防止摩擦、撞击产生火花。

⑤车辆加油或充电应在指定的安全区域进行，该区域应与物品储存区和操作间隔开；使用液化石油气、天然气的车辆应在仓储场所外的地点加气。

⑥甲、乙类物品在装卸过程中，应防止振动、撞击、重压、摩擦和倒置。操作人员应穿戴防静电的工作服、鞋帽，不应使用易产生火花的工具，对能产生静电的装卸设备应采取静电消除措施。

⑦装卸作业结束后，应对仓储场所、室内储存场所进行防火安全检查，确认安全后，作业人员方可离开。

⑧各种机动车辆装卸物品后，不应在仓储场所内停放和修理。

（3）用电安全管理

仓库防火对用电安全管理的要求如下。

①仓储场所的电气装置应符合《民用建筑电气设计标准》（GB 51348—2019）的规定。甲、乙类物品室内储存场所和丙类液体室内储存场所的电气装置，应符合《爆炸危险环境电力装置设计规范》（GB 50058—2014）的规定。

②丙类固体物品的室内储存场所，不应使用碘钨灯和超过60 W的白炽灯等高温照明灯具。当使用日光灯等低温照明灯具和其他防燃型照明灯具时，应对镇流器采取隔热、散热等防火保护措施，确保安全。

③仓储场所的电器设备应与可燃物保持不小于 0.5 m 的防火间距，架空线路的下方不应堆放物品。

④仓储场所的电动传送设备、装卸设备、机械升降设备等的易摩擦生热部位应采取隔热、散热等防护措施。对提升、码垛等机械设备易产生火花的部位，应设置防护罩。

⑤仓储场所的每个库房应在库房外单独安装电气开关箱，保管人员离库时，应切断场所的非必要电源。

⑥室内储存场所内敷设的配电线路，应穿金属管或难燃硬塑料管保护。不应随意乱接电线，擅自增加用电设备。

⑦室内储存场所内不应使用电炉、电烙铁、电熨斗、电热水器等电热器具和电视机、电冰箱等家用电器。

⑧仓储场所的电气设备应由具有职业资格证书的电工进行安装、检查和维修保养。电工应严格遵守各项电气操作规程。

⑨仓储场所的电气设备应设专人管理，由持证的电工进行安装和维修。发现漏电、老化、绝缘不良、接头松动、电线互相缠绕等可能引起打火、短路、发热时，应立即停止使用，并及时修理或更换。禁止带电移动电气设备或接线、检修。

⑩仓储场所的电气线路、电气设备应定期检查、检测，禁止长时间超负荷运行。

⑪仓储场所应按照《建筑物防雷设计规范》（GB 50057—2010）设置防雷与接地系统，并应每年检测一次，其中甲、乙类仓储场所的防雷装置应每半年检测一次，并应取得专业部门测试合格证书。

（4）用火安全管理

仓库防火对用火安全管理的要求如下。

①进入甲、乙类仓储场所的人员应登记，禁止携带火种及易燃易爆危险品。

②仓储场所内应禁止吸烟，并在醒目处设置"禁止吸烟"的标志。

③仓储场所内不应使用明火，并应设置醒目的禁止标志。因施工确需明火作业时，应按用火管理制度办理动火证，由具有相应资格的专门人员进行动火操作，并设专人和灭火器材进行现场监护；动火作业结束后，应检查并确认无遗留火种。动火证应注明动火地点、时间、动火人、现场监护人、批准人和防火措施等内容。

④室内储存场所禁止安放和使用火炉、火盆、电暖器等取暖设备。

⑤仓储场所内的焊接、切割作业应在指定区域进行，并应满足以下条件：

a) 在工作区域内配备 2 具灭火级别不小于 3A 的灭火器；

b) 设有自动消防设施的，应确保自动消防设施处于正常状态；

c) 工作区周边 8 m 以内不应存放物品，且应采用防火幕布、金属板、石棉板等与相邻可燃物隔开；

d) 若焊接、烘烤的部位紧邻或穿越墙体、吊顶等建筑分隔结构，应在分隔结构的另一侧采取相应的防火措施；

e) 作业期间应有专人值守，作业完成 30 分钟后值守人员方可离开。

⑥仓储场所内部和距离场所围墙 50 m 范围内禁止燃放烟花爆竹，距围墙 100 m 范围内禁止燃放《烟花爆竹危险等级分类方法》（GB/T 21243—2007）规定的 A 级、B 级烟花爆竹。仓储场所应在围墙上醒目处设置相应禁止标志。

（5）消防设施和消防器材管理

仓库防火对消防设施和消防器材管理的要求如下。

①仓储场所应按照《建筑防火通用规范》（GB 55037—2022）和《建筑灭火器配置设计规范》（GB 50140—2005）设置消防设施和消防器材。

②仓储场所应按照《建筑消防设施的维护管理》（GB 25201—2010）的有关规定，明确消防设施的维护管理部门、管理人员及其工作职责，建立消防设施值班、巡查、检测、维修、保养、建档等制度，确保消防设施正常运行。

③仓储场所禁止擅自关停消防设施。值班、巡查、检测时发现故障，应及时组织修复。因故障维修等原因需要暂时停用消防系统的，应有确保消防安全的有效措施，并经消防安全责任人或消防安全管理人批准。

④仓储场所设置的消防通道、安全出口、消防车通道，应设置明显标志并保持通畅，不应堆放物品或设置障碍物。

⑤仓储场所应有充足的消防水源。利用天然水源作为消防水源时，应确保枯水期的消防用水。对吸水口、吸水管等取水设备应采取防止杂物堵塞的措施。

⑥仓储场所应设置明显标志划定各类消防设施所在区域，禁止圈占、埋压、挪用和关闭，并应保证该类设施有正常的操作和检修空间。

⑦仓储场所设置的消火栓应有明显标志。室内消火栓箱不应上锁，箱内设备应齐全、完好。距室外消火栓、水泵接合器 2 m 范围内不应设置影响其正常使用的障碍物。

⑧寒冷地区的仓储场所，冬季时应对消防水源、室内消火栓、室外消火栓等设施采取相应的防冻措施。

⑨仓储场所的灭火器不应设置在潮湿或强腐蚀的地点；确需设置时，应有相应的保护措施。灭火器设置在室外时，应有相应的保护措施。

⑩设有消防控制室的甲、乙、丙类物品国家储备库、专业性仓库以及其他大型物资仓库，宜接入城市消防远程监控系统。

3.1.3 仓库其他安全管理

仓库其他安全管理包括防台风、防汛、防雷、防震、防静电等。

（1）防台风

我国所濒临的西北太平洋是热带气旋生成最多的地区，年平均台风数量约为30个，其中7—10月份最多，其他月份较少，因而我国将此段时间称为台风季节。台风在我国登陆的地点主要集中在华南、华东地区，华北、东北极少。西北路径的台风经常在华东登陆后又回到东海，成为转向路径台风，这种台风的危害较大。一般台风在登陆后会迅速转为热带低气压或者温带低气压，风力减弱，但是仍然会随气流向内陆移动。

在华南、华东沿海地区的仓库，都会受到台风的危害。处在这些地区的仓库要高度重视防台工作，避免这种灾难性天气对仓储造成严重的危害。仓库应设置专门的防台办公室或专门人员，负责研究仓库的防台工作，制订防范工作计划，接收天气预报和台风警报，与当地气象部门保持联系，组织防台检查，承担台汛期间的防台联络组织工作。在台汛期间，建立通信联络物资供应、紧急抢救、机修排水、堵漏、消防等临时专业小组。

对于台风，应做好以下几个方面的预防措施：

①积极防范。台风并不是每年都在同一个地区登陆，防台工作是一项防患于未然、有备无患的工作。企业要对员工，特别是领导干部进行防台宣传和教育，以保持警惕、不麻痹。

②全员参与。台风对仓库造成的损害不仅是仓储物资，还包括仓库设施、场地、物料备料、办公设施等一切财产和生命安全，还会造成环境污染的危害。防台抗台工作是所有员工的工作，需要全员参与。

③不断改善仓库条件。为了使防台抗台取得胜利，需要有较好的硬件设施和条

件，提高仓库设施设备的抗风、防雨、排水防水浸的能力；减少使用简易建筑，及时拆除危房危建，及时维修加固老旧建筑、围墙；提高仓库、货场的排水能力，注意协调仓库外围，避免对排水的阻碍；购置和妥善维修水泵等排水设备，备置堵水物料；牢固设置仓库、场地的绑扎固定绳桩。

（2）防汛

洪水和雨水常对货物的安全仓储带来不利影响，故应认真做好仓库防汛工作。

①建立防汛组织。汛期到来之前，要成立临时性的短期工作机构，在仓库领导者的领导下，具体组织防汛工作。

②积极防范。平时要加强宣传教育，提高职工对自然灾害的认识；在汛期，职工轮流守库，职能机构定员驻库值班，领导现场坐镇，以便在必要时统一指挥，积极组织抢救。

③加强联系。仓库防汛组织要主动争取上级主管部门的领导，并与气象台联系了解汛情动态，预见汛情发展，克服盲目性，增强主动性。

除此之外，还要注意对陈旧的仓库改造排水设施，提高货位，新建仓库应考虑历年汛情的影响，以使库场设施抵御雨汛的影响。

（3）防雷

仓储企业应在每年雷雨季节来临之前，对防雷措施进行全面检查。主要应检查的方面有：建筑物维修或改造后是否改变了防雷装置的保护情况；有无因挖土方、铺设管线或种植树木而挖断接地装置；各处明装导体有无开焊、锈蚀后截面过小而导致损坏折断等情况；接闪器有无因受雷击而熔化或折断；避雷器磁套有无裂缝、碰伤、污染，烧伤等；引下线距地 2 m 一段的绝缘保护处理有无破坏；支持物是否牢固，有无歪斜、松动；引下线与支持物的固定是否可靠；端接卡子有无接触不良；木结构接闪器支柱或支架有无腐蚀；接地周围土壤有无塌陷；测量全部接地装置的流散电流。

（4）防震

为搞好仓库防震，首先，在仓库建筑上要以储存物资的价值大小为依据。审视其建筑物的结构、质量状况，从保存物资的实际需要出发，合理使用物力财力，进行相应的加固。新建的仓库，特别是多层建筑、现代化立体仓库，更要结合当地地质结构类型，预见地震的可能性，在投资上予以考虑，做到有所准备。其次，在情报信息上要密切注视毗邻地区及地震部门的预测和预报资料。最后，在组织抢救上要做充分的准备。当接到有关部门的地震预警时，要建立必要的值班制度和相应的组织机构；当进入临震时，仓库领导要通盘考虑、全面安排、合理分工、各负其责，做好宣传教育工作，动员职工全力以赴，做好防震工作。

（5）防静电

爆炸物和油品，如果遇到静电，非常容易引发火灾和爆炸，所以需要防止油品的静电产生。应使用防静电设备防止静电的积聚，例如使用防静电衣服、鞋子以减少人体静电的产生，使用专门的消除静电设备，通过对设备加电或放电等方式来消去设备表面的静电，使其达到静电平衡状态。采取合理的地面导电设施，将设备和生产场所通过导线固定在地面上，使设备与地面保持同一电势，防止设备出现静电积聚。应实施工地静电分级管理，严格控制火种的产生，尽量减少火源的存在。在操作中应该尽量减少摩擦，采用摩擦系数小的材料等方法来降低摩擦力，减少静电产生的可能性。定期检查设备，及时清除设备表面的静电，防止静电积聚过多。配备必要的检测仪器，发现问题及时采取措施。所有防静电设施都应保持干净，防止化学腐蚀、油垢玷污和机械碰撞损坏。每年应对防静电设施进行 1～2 次的全面检查，测试应当在干燥的气候条件下进行。

3.2 物品养护

下文主要讨论库存物品的变化与损耗、物品养护的主要任务、养护方法，以及特殊物品的保管与养护。

3.2.1 库存物品的变化与损耗

库存物品的变化与损耗，主要包括库存物品的质量变化、价值变化与保管损耗。

3.2.1.1 库存物品的质量变化

库存物品的质量变化主要包括以下几个方面。

（1）物理性质变化

库存物品的物理性质变化是指物品仅改变其本身的外部形态，在变化过程中没有新物质产生，包括物体的机械变化、三态（固态、液态、气态）变化，串味、渗漏、玷污、干裂等。例如：长期储存可能导致商品外观老化、破损或变形；茶叶与化妆品同处存放会相互串味；肥皂在干燥环境下会干裂等。

（2）化学性质变化

库存物品的化学性质变化是指物品在储存过程中有新物质生成的现象。常见的化学变化有氧化、分解、锈蚀、风化、燃烧、老化等。例如化学物质、化工产品在存储过程中可能由于温度、湿度、光照等因素的影响而发生反应，导致产品质量下降或性能改变。

（3）生物活性丧失

生物制品如疫苗、生物试剂等可能因储藏条件不合适（如冷藏设备故障）而丧失活性或被污染。农产品、生鲜食品的营养价值和口感可能会随着时间推移而逐渐降低。

3.2.1.2 库存物品的价值变化

库存物品的价值变化主要包括呆滞损失与时间价值损失。

（1）呆滞损失

物品储存的时间过长，虽然原物品的使用价值并未变化，但市场需求发生了变化，从而使该物品的效用降低，无法按原价值继续在市场上流通，成为长期聚积在储存领域的呆滞物品，这些物品最终要进行降价处理或报废处理，形成的损失为呆滞损失。

（2）时间价值损失

物品储存实际也是货币储存的一种形式。储存时间越长，利息支付越多，或者储存时间越长，资金的机会投资损失越大。这是储存时不可忽视的损失。

3.2.1.3 库存物品的保管损耗

保管损耗是指在一定的期间内，保管某种物品所允许发生的自然损耗，一般以物品保管损耗率表示。物品保管损耗率即库存物品自然损耗率，是某种物品在一定的保管条件和保管期间内，其自然损耗量与该物品库存量之比，以百分数或千分数表示。物品保管损耗率低于标准为合理损耗；反之，则为不合理损耗。物品保管损耗率是考核仓库工作质量的重要指标。

库存物品的损耗通常表现为以下几方面。

①自然损耗，主要包括物品的干燥、分化、黏结、散失、破碎等。

②人为因素或自然灾害造成的损失，指由仓库保管人员的失职或保管不善、水灾、地震等造成的非常损失，以及由包装破损造成的漏损等。

③仓储作业过程中的损耗，指物品在装卸、搬运、中转等仓储作业过程中可能

发生的损耗。

3.2.2 物品养护的主要任务

物品养护是流通领域各部门不可缺少的重要工作之一。应在此过程中贯彻"以防为主、防重于治、防治结合"的方针，做到最大限度地保护物品，减少物品损失。"防"是指不使物品发生质量上的降低和数量上的减损，"治"是指物品出现问题后采取救治的方法。"防"和"治"是物品养护不可缺少的两个方面。具体要做好以下几方面的工作。

（1）建立健全必要的规章制度

应建立健全相应的规章制度，如岗位责任制等，以明确责任，更好地按照制度的要求，完成养护工作。

（2）加强物品的入库验收

物品入库验收时，一定要将物品的品种、规格和数量与货单核对是否相符；同时检查物品的包装是否完好，有无破损；检验物品温度与含水量是否符合入库要求；检验物品是否发生虫蛀、霉变、锈蚀、老化等质量变化。

（3）适当安排储存场所

应按照物品的不同特性，适当安排储存场所。易霉变及易生锈物品应储存在较干燥的库房；易挥发及易燃易爆物品，应储存在低温干燥的地下或半地下库房；贵重物品要储存在楼上防潮条件优越的库房内，同时配备空调与去湿机等设备。

（4）做好苫垫堆码工作

根据物品的性能、包装特点和气候条件，做好苫垫堆码工作。应将物品的垛底垫高，有条件的可以用油毡纸或塑料薄膜垫隔潮层。堆放在露天货场的物品，货区四周应设有排水渠道，并将货物严密苫盖，防止积水与日晒雨淋。选择适当的堆码方式，如采用行列式丁字形、井字形、围垛式等方式堆成通风垛，垛高一般不超过12层。

（5）加强仓库温湿度的管理

掌握气温变化规律，做好库内温湿度的测定工作，以更好地对仓库的温湿度进行控制和调节。

（6）搞好环境卫生

库区要铲除杂草，及时清理垃圾；库房的各个角落均应清扫干净，做好物品入库前的清仓消毒工作，将库房的清洁卫生工作持久化、制度化，杜绝虫鼠生存的可能，做好有效的防治工作。

（7）做好在库物品的检验工作

对于在库物品，应根据其本身特性及质量变化规律，结合气候条件和储存环境，实行定期或不定期检查，及时掌握物品质量变化的动态，发现问题并及时解决。

3.2.3 养护方法

常见的养护方法包括温湿度控制以及虫害与霉变的防治。

3.2.3.1 温湿度控制

仓库的温湿度是影响仓储物品质量变化的最重要的环境因素。物品对温度和湿度都有一定的适应范围，如果超过此范围就会产生不良影响，甚至会发生质的变化。过高或过低的温度、过干或过湿的空气，对物品的储存保养都是不利的。

温度是指物体（包括空气）冷热的程度。不同的库存物品有不同的适合长期安全储存的温度界限，即"安全温度"。对一般物品来说，只要求最高温度界限；一些怕冻物品和鲜活物品，则要求最低温度界限。湿度是指空气中水蒸气含量或空气干湿的程度。空气湿度的表示方法有绝对湿度、饱和湿度、相对湿度等。

温湿度控制的主要内容与措施如下。

（1）温湿度标准设定

根据仓库内存储货物的种类和特性，设定适宜的温度和湿度范围。例如，食品、药品、电子产品、纸张、纺织品等对温湿度有不同的要求，需按照相关行业标准和产品存储指南设定温湿度参数。

（2）温湿度监测系统的安装与使用

安装温湿度传感器和监控设备，实时监测仓库内部各个区域的温湿度情况。数据实时上传至中央控制系统，如有超标情况，系统应及时预警并启动调控机制。

（3）温湿度调控措施

使用空调、加热器、冷却设备等进行温度调节，确保仓库内温度保持在设定范围内。使用除湿机、加湿器等设备控制仓库湿度，防止湿度过高导致货物受潮或过低导致静电等问题。

（4）货物分类存储

根据货物对温湿度的不同敏感程度，进行分类存储，确保敏感货物存放在合适的温湿度条件下，避免相互影响。

（5）定期检查与维护

定期对温湿度调控设备进行检查、维修和校准，确保设备正常运行。对仓库内部进行定期巡检，查看是否有漏风、渗水等影响温湿度的因素存在。

（6）应急预案

制订温湿度失控的应急预案，包括紧急降温和除湿措施，以及在极端天气下保证仓库内温湿度稳定的措施。

3.2.3.2 虫害与霉变的防治

（1）虫害的防治

仓库虫害的防治措施如下。

①清洁卫生防治。定期进行仓库内外的清洁打扫，清除杂物和垃圾，确保仓库无积水和食物残渣。对货架、地面、墙壁进行彻底清洗和消毒，尤其注意缝隙、角落等容易藏匿虫害的地方。出入库货物前仔细检查，防止带有虫卵、幼虫或成虫的货物进入仓库。

②物理防治。使用防虫板、粘鼠板、防虫网等物理屏障阻止害虫进入仓库。对于特定货物，可以使用气密包装、低温冷冻、高温杀菌、微波处理等方式杀死害虫或抑制害虫发育。

③生物防治。引入天敌昆虫或微生物，利用生物链原理控制害虫数量，如释放寄生蜂对付储粮害虫。环境允许时，适当引入猫、蝙蝠等动物作为自然的害虫控制者。

④化学防治。采用合适的杀虫剂进行喷洒处理，但需遵循国家相关法律法规，选用低毒、高效、对环境友好且不影响货物品质的药剂。使用熏蒸剂进行密闭熏蒸，对仓库进行整体或局部处理。

⑤仓储环境调控。控制仓库内的温度和湿度，多数害虫在低温、低湿环境中不易存活，可通过温湿度控制系统达到防虫目的。对货物进行合理的分类和隔离存放，避免不同类别的货物间的交叉污染和虫害传播。

⑥定期检查与监测。定期对仓库进行全面的虫害检查，发现虫害迹象时及时采取措施。设置害虫监测点，利用诱捕器、监控设备等手段，监测害虫活动情况。

⑦员工培训与管理。对仓库员工进行虫害防治知识的培训，提高员工的虫害防控意识和技能。建立健全虫害防治制度，确保防治工作有章可循、有责必究。

（2）**霉变的防治**

霉变的防治措施主要有如下几个方面。

①环境控制。进行温湿度管理，仓库内温度保持在 15 ～ 25℃，湿度保持在 50% ～ 60% 较为适宜，避免过高的湿度促进霉菌生长。通风换气，确保仓库内空气流通，减少湿气聚集，可以安装排气扇、空调等设备以调节温湿度。

②货物存储管理。根据不同货物的特性，如吸湿性、耐温性等，进行科学分类储存，易霉变物品与不易霉变物品分开存放。使用防水、防潮材料对地面、墙面进行处理，货物存储时与地面和墙面留有一定的距离，使用托盘、栈板等垫高货物。货物间不留过大空隙，用防潮材料填满，防止湿气在货物间聚集。

③使用防潮剂与防霉剂。在仓库内合适位置放置吸湿盒、硅胶等防潮剂，吸收多余水分。对易霉变货物进行防霉处理，如使用防霉片、防霉粉等，或者在包装中加入防霉剂。

④定期检查与维护。对仓库内部环境和货物状况进行定期检查，发现潮湿、霉变等迹象及时处理。定期对仓库进行清洁，对货架、地面进行消毒，清除霉斑和可能存在的孢子。

⑤完善仓库设施。修建防潮设施，如铺设防潮地坪、增设屋顶排水系统等，防止雨水渗漏。安装除湿设备，在必要时安装除湿机以降低仓库湿度。

⑥员工培训与管理。提高员工对防霉知识的认识，进行正确的货物存储、搬运操作，减少由人为操作不当导致的霉变风险。

3.2.4 特殊物品的保管和养护

下文主要分析易潮物品、易燃液体、易爆物品的保管和养护。

3.2.1.1 易潮物品的保管和养护

易潮物品吸湿性强，湿度过大会使这些物品生霉腐烂、潮解、溶化（如钾、钠、食盐等），结块失效（如水泥）。因此，应做好易潮物品的保管工作。

（1）通风降潮

①当库内湿度大、库外空气比较干燥时，就可以利用通风来降低库内的湿度。通风降潮时，不但要比较库内外湿度，而且要比较库内外温度，经过换算后再决定

是否通风。

②当库内湿度大，又不能采用通风方式降低湿度时，可采用吸湿剂或吸湿设备降低库内的湿度。

（2）密封防潮

做好仓库的维护管理，保持良好的密闭性，在雨季应事先清理排水沟，确保通畅；风雨大时应及时检查有无漏水和地面返潮现象。同时，要进行良好的防潮包装，密封的物品及包装必须干燥，没有任何霉变迹象。密封所使用的材料必须符合防潮要求。一旦物品受潮，应及时采取措施降潮或晾晒。

（3）通电驱潮

通电驱潮是利用某些电器通电后产生的热量驱除潮气。一般有线圈的电器物品内部受潮后，均可采取通电驱潮的方法。但要注意物品的电气性能，否则容易发生事故。

3.2.1.2 易燃液体的保管和养护

根据《危险货物分类和品名编号》（GB 6944—2025），易燃液体是指闭杯试验闪点不高于60℃或开杯试验闪点不高于65.6℃时放出易燃蒸气的液体或含液体的混合物，或是在溶液或悬浊液中含有固体的液体（例如油漆等涂料，但不包括由于其危险特性已列入其他类别的物质），还包括满足下列条件之一的液体：

①在温度等于或高于其闪点的条件下提交运输的液体；

②以液态在高温条件下运输或提交运输，并在温度等于或低于最高运输温度下放出易燃蒸气的物质。

易燃液体的保管应注意以下两方面：

①易燃液体因在常温下会不断挥发出可燃蒸气，其蒸气一般具有毒性，有时还有麻醉性，所以在入库时必须严格检查包装是否漏损，在储存期内也应定期检查，发现问题及时解决。同时，库房必须通风，作业人员应穿戴相应的防护用品，以免发生中毒事件。

②易燃液体受热后蒸发出的气体，增大压力使容器膨胀，严重时可使容器破裂发生爆炸事故，所以容器不可装得过满，同时库房内和库区周围应严禁烟火，加强通风。

3.2.1.3 易爆物品的保管和养护

易爆物品受到外界的影响，如高热、振动、摩擦、撞击或与酸碱等物质接触时，发生剧烈反应，产生大量气体和热量，由于气体的急剧膨胀产生巨大压力而发生爆炸。据其性质，易爆物品可分为点火即起爆器材（点火绳、导爆索、雷管等）、炸药及爆炸性药品[三硝基甲苯（TNT）、硝化甘油炸药、黑火药等] 和其他爆炸性物品（炮弹、枪弹、礼花炮、爆竹等）。因为易爆物品具有爆炸威力大、起爆能量小、敏感度高等特点，应从以下几个方面进行保管：

①装卸和搬运爆炸品时，要轻拿轻放，严禁碰撞、拖拉与滚动。作业人员严禁穿带铁钉的鞋子，严防工作服产生静电。

②储存易爆物品的仓库必须远离居民区，还应与周围建筑、交通干道、输电线路保持一定的安全距离，库房一定要远离火源，必须保持通风干燥，同时还应安装避雷设备，保持适宜的温湿度。一般情况下，库温以 15 ～ 30℃为宜，易吸湿爆炸品库房的相对湿度不得超过 65％。仓库地面应铺垫厚度为 20 cm 左右的木板。

③盛放或携带零星易爆物品时，不能用金属容器，要用木、竹、藤制的筐或箱，以免因摩擦而发生爆炸事故。

④易爆物品必须单独隔离，限量储存。

⑤仓库内的电气设备应符合安全要求，定期检修，下班断电。

3.3 安全与养护的数智化管理

下文以一个仓库安全事故为例，提出应实施全面数智化升级管理以预防与应对潜在安全。

3.3.1 仓库安全事故案例

这个仓库安全事故的发生过程与发生原因分析如下。

3.3.1.1 事故发生过程

2016 年 4 月 22 日 9 时 13 分左右，江苏省靖江市某仓储公司储罐区 2 号交换站发生火灾，事故导致 1 名消防战士在灭火中牺牲，直接经济损失 2532 万元。

2016 年 4 月 21 日 16 时左右，江苏省靖江市某仓储公司的许某找到邵某，申请22 日的动火作业。邵某在"动火作业许可证"可燃气体分析的"分析人""安全措施确认人"两栏无人签名的情况下，直接在许可证"储运部意见"栏中签名，并将许可证直接送公司副总朱某签字，朱某直接在许可证"公司领导审批意见"栏中签名。18 时左右，许某将许可证送到安保部，安保部巡检员刘某在未对现场可燃性气体进行分析、确认安全措施的情况下，直接在许可证"分析人""安全措施确认人"栏中签名，并送给安保部副主任何某签字，何某在未对安全措施进行检查的情况下直接在许可证"安保部意见"栏中签名。

4月22日8时左右，许某到安保部领取了21日审批的"动火作业许可证"，许可证"监火人"栏中无人签字。8时10分左右，申某开始在2号交换站内焊接2301管道接口法兰，许某在站外预制管道。安保部污水处理操作工夏某到现场监火。8时20分左右，申某焊完法兰后到站外预制管道，许某到站内用乙炔焰对1302管道下部开口。因割口有清洗管道的消防水流出，许某停止作业，等待消防水流尽。在此期间，邵某对作业现场进行过一次检查。8时30分左右，安保部巡检员陈某、陆某巡查到2号交换站，陆某替换夏某监火，夏某去污水处理站监泵，陈某继续巡检。9时13分左右，许某继续对1302管道开口时，引燃地沟内可燃物，火势在地沟内迅速蔓延，瞬间烧裂相邻管道，可燃液体外泄，2号交换站全部过火。10时30分左右，2号交换站上方管廊起火燃烧。10时40分左右，交换站再次发生爆管，大量汽油向东西两侧道路迅速流淌，瞬间形成全路面的流淌火。12时30分左右，2号交换站上方的管廊坍塌，火势加剧。经现场应急处置和救援，至23日2时4分，历时近17个小时，现场明火被扑灭。

3.3.1.2 事故发生原因分析

一般而言，事故发生原因可分为直接原因与间接原因。

（1）直接原因

公司组织承包商在2号交换站管道进行动火作业前，在未清理作业现场地沟内油品、未进行可燃气体分析、未对动火点下方的地沟采取覆盖或铺沙等措施进行隔离的情况下，违章动火作业，切割时产生火花引燃地沟内的可燃物，是此次事故发生的直接原因。

（2）间接原因

经分析，该事故的间接原因有以下六个方面。

①特殊作业管理不到位。动火作业相关责任人员朱某、邵某、何某、刘某等人不按签发流程，不对现场作业风险进行分析、未进行作业安全分析（job safety analysis，JSA）、未确认安全措施等。在"动火作业许可证"已过期的情况下，违规组织动火作业。

②事故初期应急处置不当。现场初期着火后，公司现场人员未在第一时间关闭

周边储罐根部手动阀，未在第一时间通知中控室关闭电动截断阀，未能第一时间切断燃料来源，导致事故扩大。

③工程外包管理不到位。公司对工程外包施工单位资质审查不严，未能发现顾某以某公司名义承接工程。对外来施工人员的安全教育培训不到位，在21日许某等人进场作业前，对其教育流于形式，未根据作业现场和作业过程中可能存在的危险因素及应采取的具体安全措施进行教育，考核采用抄写已做好的试卷的方式。邵某、陈某二人曾先后检查作业现场，夏某、陆某先后在现场监火，都未制止施工人员违章动火作业。

④隐患排查治理不彻底。未按省、市文件要求组织特殊作业专项治理，消除生产安全事故隐患。公司因违章动火作业、火灾隐患等多次被有关部门责令整改、处以罚款。2016年3月，2号交换站曾因动火作业发生火情。

⑤应急演练流于形式。公司虽然制订了综合、专项、现场处置预案，并每年组织演练，但演练没有注重实效性，没有开展职工现场处置岗位演练以提升职工第一时间应急处置能力。

⑥公司主要负责人未切实履行安全生产管理职责。公司总经理未贯彻落实上级安监部门工作部署，在全公司组织开展特殊作业专项治理，及时启用新的"动火作业许可证"；对公司各部门履行安全生产职责督促、指导不到位，未及时消除生产安全隐患。

3.3.2　全面数智化升级管理

为了预防类似安全事故和应对潜在的安全风险，仓库应进行全面数智化升级管理。下面以液体易燃仓库为例说明数智化升级管理的内容。

（1）智能感知网络

配置高精度温度、湿度、压力以及可燃气体浓度传感器，实时监控仓库内外部环境参数及易燃液体的挥发状况，一旦发现超限值立即触发警报，并联动相应的降温、排风或消防设备进行干预。

（2）智能货架与容器监测

使用带有压力传感、泄漏探测功能的智能容器系统，每个容器配备无线传输模块，实时反馈存储液体的状态，包括液位、温度和密封完整性。一旦检测到泄漏或不正常状态，系统会立刻发出警告并锁定该区域，防止事故扩大。

（3）RFID与卫星定位追踪

对每批入库的易燃液体产品使用RFID标签进行身份标识，并通过卫星定位跟踪其在仓库内的移动路径，确保入库出库全过程可视化、可控化。

（4）视频监控与人工智能分析

通过高清摄像头和AI视觉识别技术，自动检测仓库内人员的操作是否符合安全规程，例如穿戴防护装备、遵守无火花作业规定等，同时也监控是否有不当操作可能导致安全问题的情况。

（5）自动化出入库与库存管理

采用自动化立体仓库系统（automated storage and retrieval system，AS/RS），减少人工搬运可能带来的风险，同时利用先进的WMS，精确掌握库存动态，智能预警库存量低于安全储备水平或临近保质期的液体易燃物。

（6）紧急响应与预案执行

设立数智化应急指挥中心，整合各类数据资源，预先制订针对各种突发状况的应急预案，当出现紧急情况时，系统能够自动激活相应预案，指引现场人员按照既定步骤进行处置，并同步通知相关部门和领导。

（7）在线教育培训与考核

利用数字化平台开展定期的安全教育和技能培训，对员工进行在线考核，确保所有涉及易燃液体操作的员工都具备足够的安全知识和技能。

以上数智化管理系统的应用，不仅可以显著提升液体易燃物仓库的日常安全管理水平，而且能够在第一时间预防和应对潜在的安全风险，大大降低了火灾、爆炸等重大事故发生的可能性。

课后思考题

1.简述治安保卫工作的内容。

2.仓库消防管理的具体措施有哪些？

3.仓库防火应从几个方面进行？

4.如何利用数智化技术预防和应对潜在的安全风险？

本章课件

第 4 章
仓储经营模式与成本管理

本章主要讨论仓储经营模式选择、仓储业的增值服务、仓储成本管理,提出应通过数智化管理助力仓储企业经营与成本管理并给出了案例。

4.1 仓储经营模式选择

仓储经营模式的选择取决于企业的业务需求、市场环境、成本预算、物流效率等多种因素，常见的仓储经营模式有自营仓库模式、第三方物流外包模式、公共仓储模式、联合仓储模式与云仓模式（分布式仓储）。

4.1.1 自营仓库模式

自营仓库模式是指企业自行购买或租赁仓库场地，组建仓储管理团队，购置相关设备，对仓库的日常运营、库存管理、配送服务等进行全面掌控的经营模式。在这种模式下，企业直接负责仓库的选址、设计、施工、设备购置、人员招聘培训，以及日常的入库、出库、库存盘点、物流配送等全部仓储物流活动，对仓库运营拥有完全的控制权，可以根据自身需求灵活调整管理策略，但同时需要承担全部的建设和运营成本。

（1）自营仓库模式的优点

自营仓库模式具有如下优点。

①自主性强。企业可以根据自身业务特点和需求定制仓库设计和管理流程，灵活调整运营策略和管理方式。

②全程控制。从仓储设施到库存管理，再到物流配送，企业可以对整个供应链过程进行全程监控和控制，确保货物安全，提高服务质量和客户满意度。

③数据保密性好。对于商业秘密和敏感信息，企业能够自行保管，避免数据泄露风险。

（2）自营仓库模式的挑战

自营仓库模式面临的主要挑战如下。

①前期投入大。建设或租赁仓库、购买设备、招聘人员等都需要较大的资金投入，对企业现金流造成压力。

②运营成本高。除了直接的运营成本外，还需承担库存积压、设备折旧、人员薪酬等间接成本，以及可能的风险成本。

③管理复杂。需要建立并维护一套完整的仓储物流管理体系，包括人员管理、设备维护、安全管理等，对管理水平和专业化程度要求较高。

总体来看，自营仓库模式更适合那些对供应链控制要求高、具有充足的资金和人力资源，并且希望通过自有仓库获得更大运营灵活性和竞争优势的企业。

4.1.2 第三方物流外包模式

仓储的第三方物流（3PL）外包模式是指企业将原本内部承担的仓储管理活动，包括但不限于仓库租赁、库存管理、订单处理、货物搬运、包装、配送等业务委托给专业的第三方仓储服务提供商进行管理。在这种模式下，企业不再直接负责仓储物流的日常运营，而是通过契约形式与外包商合作，支付服务费用以换取仓储物流服务。

（1）第三方物流外包模式的优点

第三方物流外包模式具有如下优点。

①成本优化。企业可以将固定成本转化为可变成本，不必承担仓库建设和维护、设备采购、人员培训等高额初始投资，降低运营成本。

②专业管理。外包给专业仓储服务商，能够享受到其成熟的仓储管理系统、专业的物流管理团队和先进的物流技术，提高仓储运营效率和准确性。

③灵活扩展。随着业务量的波动，外包商可以根据实际需求快速调整仓储容量和服务水平，企业无须担心业务扩张或收缩带来的仓储资源闲置或不足问题。

④聚焦核心业务。企业可以把更多精力投入产品研发、市场营销、客户服务等核心业务，而不是非核心业务的仓储物流环节。

（2）第三方物流外包模式的挑战

第三方物流外包模式面临的主要挑战如下。

①控制权减弱。相比于自营仓库，企业对外包商的仓储运营细节控制力度较小，可能会影响库存管理的精确度和灵活性。

②服务质量依赖。外包商的服务质量直接影响到企业的供应链效率和客户满意度，选择合适的外包商至关重要。

③信息安全性。将库存数据和业务信息交给第三方处理，增加了信息泄露的风险，需要与外包商签订严格的保密协议，并确保其信息安全管理体系的有效性。

综上所述，仓储外包模式适合那些希望降低成本、提高运营效率、专注于核心业务发展的企业，但在选择外包商时务必谨慎评估其资质、服务能力、过往业绩以及合同条款，以确保合作关系的长期稳定和互利共赢。

4.1.3 公共仓储模式

公共仓储模式是一种由专业的仓储公司提供标准化仓储服务的商业模式。在这种模式下，仓储公司拥有或租赁大型的仓库设施，为众多客户提供标准化的、开放式的仓储空间租赁服务，不同的客户可以在同一座仓库内租用仓位，进行货物存储、搬运和配送等活动。公共仓储服务的对象包括但不限于制造商、零售商、进口商、出口商以及其他有仓储需求的企业或个人。

（1）公共仓储模式的优点

公共仓储模式具有如下优点。

①资源共享。公共仓储允许不同客户共享仓储设施、设备以及人力资源，有助于降低每个用户的仓储成本。

②灵活性。用户可以根据自身业务需求随时增减仓储面积，无须长期投入大量资金用于自建仓库。

③专业服务。公共仓储公司通常拥有专业的仓储管理团队和先进的仓储管理系统，能提供高效的库存管理、订单处理和配送服务。

④增值服务。除了基本的仓储服务，很多公共仓储还会提供增值服务，如装卸、包装、贴标、拼箱、代发货等一站式物流解决方案。

⑤减少资本投入。企业无须花费大量资金自建仓库，可以将更多的资金用于主营业务的发展。

（2）公共仓储模式的挑战

公共仓储模式面临的主要挑战如下。

①货物混杂风险。多个客户在同一仓库内存储货物，可能增加货物混淆或交叉污染的风险，这就需要仓储公司采取严格的管理措施。

②信息泄露风险。多个客户在同一仓库内存储货物，可能面临信息泄露的风险，这就需要仓储公司严格管理，确保信息保密。

③竞争性限制。一些同行业的竞争对手可能也会选择同一家公共仓储服务公司，这可能带来潜在的竞争风险。

④库存可见性。虽然大多数公共仓储都配备了先进的库存管理系统，但企业仍需与仓储公司紧密协作，以确保库存数据的准确性和实时性。

（3）公共仓储模式的适用情况

公共仓储模式适用于以下情形。

①中小型企业。对于规模较小、尚处初期发展阶段的企业，自建仓库成本高昂，而公共仓储模式可以提供灵活、低成本的存储解决方案，使企业可以将资金和

精力更多地集中在核心业务上。

②季节性或波动性业务。对于那些业务量随季节变化明显，或者市场波动较大、难以预测存储需求的企业，公共仓储可以方便企业根据实际需求随时调整存储空间大小，避免资源浪费。

③跨境电商与外贸企业。在跨境贸易中，货物的进出口频率高且数量不固定，公共仓储可以帮助企业快速响应全球市场的变化，高效完成货物的暂存、分拣、打包和配送等环节。

④多渠道销售。对于线上电商平台与线下实体店同时运营的企业，公共仓储提供的快速配送服务能够帮助企业在不同销售渠道间快速转移库存，提升供应链响应速度。

⑤物流中心节点。对于需要在城市间设立中转站、集散地的企业，公共仓储地理位置优越，配套设施齐全，可以作为物流网络中的重要节点，提高整体物流效率。

⑥试水新市场。当企业打算进入新市场或者测试新产品时，可以通过租用公共仓储空间来尝试市场反应，而不必一次性投入大量资金建设自有仓库。

⑦短期过渡需求。企业在搬迁、扩建、重组期间，可能会有短暂的仓储需求，这时公共仓储可作为临时存储地点，满足企业短期内的仓储需求。

综上所述，公共仓储模式因其灵活性、便捷性和成本效益，尤其适用于那些有临时、变动、多样或低成本仓储需求的企业。

4.1.4 联合仓储模式

联合仓储模式（有时也称为联合管理库存或协作式仓储）是一种通过合作的方式优化供应链中库存管理和仓储运营的策略。在这种模式下，供应链中的上下游企业，如制造商、分销商、零售商等，共同参与并共享库存信息，通过协商与合作来管理库存水平和物流活动，以减少库存总量、降低供应链成本、提高顾客服务水平为目标。

（1）联合仓储模式的优点

联合仓储模式具有如下优点。

①信息共享。参与者之间通过实时的信息系统共享库存数据、销售预测和订单信息，以实现库存透明化管理，避免信息不对称导致的"牛鞭效应"（需求放大现象）。

②库存优化。通过共同预测和规划，降低总库存水平，减少冗余库存和缺货风险，提高库存周转率。

③资源协同。根据各参与方的专长和优势，进行仓储资源的整合和优化配置，例如共享仓库空间、运输资源和人力资源，降低仓储和物流成本。

④风险分担。通过合作协议，各方共同承担库存风险和不确定性，降低单一企业承受的压力。

⑤提高响应速度。通过协同计划和快速响应机制，可以更迅速地满足市场需求变化，提高顾客满意度。

（2）联合仓储模式的挑战

联合仓储模式面临的主要挑战如下。

①信息共享与互信难题。联合仓储的成功很大程度上依赖各参与方的信息共享，但这要求企业打破原有的信息壁垒，共享敏感的库存、销售和订单数据，建立高度的信任关系。

②协调难度大。各参与企业可能有不同的业务目标、运营策略和管理模式，要在仓储管理上达成一致，需要克服协调成本高、决策过程复杂的问题。

③库存分配的公平性。如何公平合理地分配库存空间和资源，避免利益冲突，是一个棘手的问题。特别是当市场需求发生变化时，如何调整库存分配，确保所有参与方满意，是一个挑战。

④风险管理。由于库存由多方共享，任何一方的失误或违约都可能导致库存损失或供应链中断，因此风险分摊和风险管理机制必须严谨而有效。

⑤系统集成与技术兼容性。联合仓储模式要求企业之间的信息系统能够无缝对接，实现数据实时共享。然而，不同企业的信息系统可能存在兼容性问题，需要额外投入进行系统集成和改造。

⑥法律责任界定。在联合仓储过程中，若发生货物损坏、丢失、侵权等事件，责任归属和赔偿问题需要事先通过合约明确规定，否则可能引发法律纠纷。

⑦市场变动应对。市场需求的快速变化可能导致库存需求预测的不准确，联合仓储模式需要有一套灵活的库存调整机制来应对这种情况。

⑧企业文化与管理风格差异。合作企业间可能存在不同的企业文化与管理风格，如何在合作中调和这些差异，确保仓储管理的顺畅，也是一个挑战。

（3）联合仓储模式的适用情况

联合仓储模式适用于以下情形。

①供应链协同需求强烈。在供应链上的多个企业，如生产商、批发商、零售商等，彼此间存在强烈的库存协同管理需求，希望通过共享库存信息和资源，共同应对市场波动，减少库存成本和缺货风险。

②需求预测不准确。当某个行业或产品的市场需求波动大、预测困难时，通过联合仓储模式，各企业可以共享需求数据，提高预测准确性，减少过度库存或缺货的情况。

③供应链长度较长。在供应链层级较多的情况下，如跨国或多级分销网络，联合仓储模式可以减少中间环节的库存积压，加快库存周转，提高整体供应链的响应速度和灵活性。

④运输成本较高。对于运输成本占比较高或频繁补货成本较大的行业，通过联合仓储可以减少频繁的小批量运输，转而采用集中配送或联合采购的方式，降低物流成本。

⑤存在共享经济的潜力。各企业间存在仓储资源闲置或重复建设的现象时，联合仓储模式能够实现仓储设施和设备的共享使用，减少资源浪费，实现双赢或多赢的局面。

⑥急需提升服务质量。对于对客户响应速度和服务质量要求较高的行业，联合仓储能够提高库存可视性，缩短订货周期，从而提高客户满意度。

综上所述，联合仓储模式适用于那些期望通过供应链伙伴间的深度合作，实现供应链精益化管理、提高整体运营效率和盈利能力的企业。例如，在汽车零部件、高科技电子产品、快消品等行业中有广泛应用。

4.1.5　云仓模式

云仓模式（分布式仓储）是一种基于云计算技术、大数据分析和现代物流网络的新型仓储管理模式。在这种模式下，企业通过整合分布在不同地理位置的多个仓库资源，利用统一的信息系统进行集中管理和调度，以实现货物在最佳位置的存储和快速配送。

（1）云仓模式的优点

云仓模式具有如下优点。

①资源优化配置。通过大数据分析，预测各地区商品需求量，将库存分散存储在多个地理分布的仓库中，实现货物靠近消费地存储，减少物流时间和成本。

②弹性扩容与缩容。根据市场需求和销售情况，企业能够迅速调整各仓库的存储量，避免旺季和淡季交替带来的库存压力。

③快速响应能力。云仓模式通过智能调度系统，可以实现快速拣选、打包、发货，提高订单处理速度，增强客户服务体验。

④信息透明化。通过云仓储管理系统，企业可以实时获取库存、订单状态、物流动态等信息，实现供应链的高度可视化和精细化管理。

⑤降低运营成本。相比传统的自建或租赁仓库，云仓模式可降低固定成本投入，同时通过规模经济效应和资源共享，有效降低单位存储和配送成本。

（2）云仓模式的挑战

云仓模式作为一种新兴的仓储管理模式，以其灵活、高效、资源共享等特点受到关注，但同时也面临如下挑战。

①系统集成与数据同步。云仓模式需要强大的信息化系统支持，不同仓库之间的信息互联互通是关键。然而，不同仓库可能使用不同的仓储管理系统，要实现数据实时共享、订单同步、库存精准管理，需要解决系统接口匹配、数据一致性等技术难题。

②库存分布与调度优化。如何根据市场需求、地理分布、物流成本等因素科学合理地分布库存，并在短时间内完成跨区域、跨仓库的调度，这对库存管理提出了更高的要求。

③物流网络与配送效率。云仓模式依赖广泛的物流网络覆盖，如何确保不同地区的仓库与配送资源协同高效运作，避免因配送延迟导致的客户满意度下降是重要挑战。

④供应链协同与信任建设。云仓模式要求不同企业、供应商之间深度合作，共享资源和信息。建立并维护供应链各方之间的信任关系，以及制定公平合理的收益分配机制并非易事。

⑤成本控制与盈利模式。云仓模式在降低单个企业仓储成本的同时，也意味着需要投入更多资源去建设和维护云仓体系，如何在保证服务质量的前提下控制成本，以及探索可持续的盈利模式，是一个现实挑战。

⑥质量管理与合规性。对于储存特殊商品（如食品、药品、危险品等）的云

仓，要保证在快速流转的过程中遵守各类法规和质量标准，避免质量事故导致的法律风险。

⑦应急响应与风险管理。当面临突发事件（如自然灾害、供应链中断等）时，云仓模式如何迅速做出响应，调整库存和配送策略，以最小化对整个供应链的影响，是一项重要的风险管理任务。

（3）云仓模式的适用情况

云仓模式适用于以下情形。

①电商及零售行业。对于电商业务，尤其是全国乃至全球范围内的在线零售商，云仓模式可以将商品分散存放在离消费者较近的多地仓库中，以快速响应订单需求，提高配送效率，实现"当日达"或"次日达"的快速物流服务。

②季节性或波动性需求。对于季节性或需求波动大的产品，云仓模式可以通过灵活的库存调配，在需求高峰期可避免出现库存不足，而在低谷期则能避免库存积压，从而降低库存成本。

③多区域市场覆盖。对于需要在全国或全球范围内拓展业务的企业，云仓模式有助于减少物流成本，缩短交货时间，提升客户满意度。

④供应链协同合作。在供应链中，制造商、分销商和零售商之间可以通过云仓模式共享库存信息，实现协同管理，降低整体库存水平，提高供应链的敏捷性和响应速度。

⑤大型促销活动应对。在举办如"双11""黑五"等大型促销活动期间，云仓模式能够快速消化激增的订单量，确保及时出货，减少物流瓶颈导致的销售损失。

⑥多渠道销售。对于线上线下多渠道销售的企业，云仓模式可以实现不同销售渠道之间的库存共享和快速调拨，提高整体库存利用率。

总之，云仓模式适用于那些需要快速响应市场需求变化、追求物流效率、降低库存成本并提升客户服务水平的企业。特别是在电商、新零售、物流服务等领域，云仓模式的应用日益广泛，对于那些希望通过优化仓储布局，实现多区域、多渠道配送的企业同样适用。

4.2 仓储业的增值服务

仓储业的增值服务是为了满足客户多元化、个性化需求而提供的超越传统仓储保管服务的附加服务项目，旨在提高仓储服务附加值，增强客户满意度和忠诚度。

以下是仓储业常见的增值服务内容。

4.2.1 货物包装与加工服务

货物包装与加工服务是指根据客户需求提供专业的商品包装服务，包括定制包装、加固包装、拆包/重新包装等，以及对部分商品进行简单加工，如组装、贴标、塑封、裁剪等。货物包装与加工服务是仓储增值服务的重要组成部分，旨在满足客户对货物存储、运输过程中的特殊包装需求以及简单的加工需求，以确保货物的安全性、完整性以及提升运输效率。以下是一些常见的货物包装与加工服务内容。

①定制包装服务。根据货物的特性、形状、重量以及运输要求，提供量身定制的包装解决方案，如缓冲包装、防震包装、防潮包装、防静电包装等。

②货物加固包装。对于易碎、精密、重型等特殊货物，提供专业的加固包装服务，如使用泡沫、气泡膜、珍珠棉、木质框架等材料进行包裹、填充和捆绑，确保货物在运输过程中免受损害。

③拆包与重新包装。根据客户要求，提供商品拆包后重新包装的服务，包括更换包装材料、更换包装样式、合并或拆分包装件数等。

④标签制作与粘贴。根据客户的产品标识、条形码、二维码、唛头等要求，制作并粘贴相应的标签，便于货物在物流过程中的识别和追踪。

⑤简易加工服务。对于部分货物，仓储企业提供简易的加工服务，如组装、拆卸、裁剪、喷涂、缠绕薄膜等，以满足客户对货物交付状态的特殊要求。

⑥环保包装解决方案。随着绿色物流理念的推广，越来越多的仓储企业开始提供环保包装服务，使用可循环、可降解的包装材料，减少对环境的影响。

⑦批量包装与整箱服务。对于大批量的货物，仓储企业可以提供批量包装服务，如按照一定数量进行组合包装，或者提供整箱打包服务，方便货物的储存和运输。

通过提供专业的货物包装与加工服务，仓储企业不仅能更好地保护客户货物，还能优化物流流程，提升客户满意度，从而增强自身的竞争力。

4.2.2 库存管理与信息服务

库存管理与信息服务是现代仓储管理中的核心环节之一，主要是指通过先进的信息化技术手段，对仓库内货物的存储、流动、消耗等过程进行实时、精确的记录、分析和控制，以使企业能够准确掌握库存状况，优化资源配置，提高运营效率，降低库存成本。以下是一些主要的功能和服务内容。

①库存实时动态管理。通过WMS，实时监控库存数量、批次、位置等信息，确保库存数据准确无误，以便于及时做出补货或调拨决策。

②条形码/RFID技术应用。利用条形码或RFID技术对货物进行标记和识别，实现实物与信息系统数据的无缝对接，提高出入库作业效率和库存信息的准确性。

③库存预警机制。设置库存上下限预警值，当库存量接近或超过预设阈值时，系统自动发送预警信息，防止库存短缺或积压。

④多维度库存分析。提供多维度的库存报表和分析，包括库存周转率、呆滞库存分析、ABC分类法分析等，帮助企业优化库存结构，减少资金占用。

⑤订单与库存联动。实现销售订单与库存数据的实时联动，确保订单承诺的及时履行，避免超卖或滞销。

⑥可视化库存展示。通过可视化界面直观展示库存分布、库存状态、订单履行进度等信息，便于企业管理层和相关部门及时了解库存动态。

⑦集成ERP/MES系统。仓库库存管理系统与企业ERP系统或制造执行系统（MES）集成，实现供应链各环节的数据共享和协同作业。

4.2.3 交叉配送与集运服务

交叉配送（cross-docking）与集运（consolidation）服务是指对来自不同供应商的货物进行集中接收、存储和整合，然后按客户订单进行分拣、配货和统一配送，节省物流成本，提高运营效率，并为客户提供更加灵活、快捷、经济的物流解决方案。

（1）交叉配送的增值服务

交叉配送是一种货物在物流中心几乎不停留，直接进行分拣、重组并迅速运送到下游客户的过程。其增值服务体现在：

①快速响应。减少库存等待时间，快速响应市场需求，提高供应链灵活性。

②降低成本。降低仓储成本、库存持有成本以及相关的损耗风险。

③提升效率。通过优化货物分拣和装载流程，提高货物周转速度，缩短交货周期。

（2）集运的增值服务

集运则是将多个发往相同或相近方向的货物进行整合，以整箱或整车的形式进行集中运输。其增值服务体现在：

①规模经济。通过集中小批量货物为大批次运输，降低单位运输成本。

②减少运输次数。减少单独配送带来的运输资源浪费，降低燃油消耗和碳排放。

③提升服务质量。确保货物在途安全，减少多次装卸导致的货物破损风险。

交叉配送与集运结合运用时，可构建更加精细、高效的物流网络，既能满足客户对快速响应的需求，又能通过集运实现成本节约和环保目标。此外，优质的交叉配送与集运服务还会提供实时跟踪、个性化路线设计、灵活的配送方案等增值服务，以提升客户体验，增强企业竞争力。

4.2.4　仓储解决方案的设计与咨询服务

仓储解决方案的设计与咨询服务是仓储行业为客户提供的一种专业服务，旨在根据客户的实际需求、业务规模、产品特性、运营模式等因素，为其量身打造一套全面、高效的仓储管理系统和操作流程。这项服务的内容通常包括以下几个方面：

①需求分析与规划。详细了解客户业务需求，包括存储货物的种类、数量、体积、重量、存储周期等基本信息。分析客户现有的仓储条件、业务流程、物流需求，以及未来业务发展趋势，制订长远的仓储解决方案规划。

②仓储设施设计。根据货物特性设计合理的仓储布局，包括货架摆放、存储区域划分、作业动线规划等。提供建筑、硬件设备等方面的建议，如仓库的建筑设计、温湿度控制、消防设施、自动化设备等。

③ WMS 的设计与实施。设计并推荐合适的 WMS，包括入库、出库、库存管理、订单处理、拣选策略、配送调度等功能模块。协助客户实施 WMS，与 ERP、CRM 等其他业务系统进行集成，实现数据互通和流程自动化。

④运营流程优化。通过专业的知识和经验，对客户现有的仓储操作流程进行诊断和优化，提高工作效率，降低运营成本。设计并导入先进的仓储管理理念和技术，如精益物流、ABC 分类法、5S 管理等。

⑤持续改进与咨询服务。定期评估仓储解决方案的实施效果，提出改进建议，确保仓储系统始终适应客户业务发展需求。提供长期的技术支持与咨询服务，解答客户在仓储运营过程中遇到的各种问题。

4.2.5　质检与退货处理服务

质检与退货处理服务，是指仓储企业为客户提供商品的入库检验、质量监控服务，以及退换货的接收、整理、鉴定和处理服务。具体包含以下内容。

①入库质检服务。在商品入库前进行严格的品质检查，包括但不限于商品的外观、数量、规格、有效期等各方面，确保入库商品符合规定质量标准。对于不合格产品及时与供应商沟通，执行退货或换货操作，减少不良库存的产生。

②在库质量监控。对库存商品进行定期抽样检查，确保商品在存储期间的质量安全，特别是对易损、易腐、保质期有限的商品实施严格的监控。对发现的问题商品进行及时标识、隔离处理，防止不合格产品流入销售链。

③出库前复检。在商品出库前再次进行质量确认，确保交付给客户的产品完全符合订单要求和质量标准。对于出库过程中发现的质量问题，能够迅速采取措施进行替换或修正，以避免影响客户订单履行和客户满意度。

④退货接收与分类处理。设立专门的退货接收部门，对客户退回的商品进行有序接收、登记和分类。根据退货原因和商品状况，进行详细的质检分析，并据此制定退货商品的进一步处理策略，如维修、重新包装、销毁、退还给供应商等。对退货数据进行统计分析，总结退货规律，找出可能存在的供应链问题，与客户和供应商共同探讨解决方案，降低整体退货率。

⑤质量报告与数据分析。为客户提供详尽的商品质量报告，反映商品在整个供应链中的表现。通过对质量数据的深度分析，帮助企业优化采购、生产、仓储和物流等各个环节，提高整体供应链的运营效率和质量管理水平。

4.2.6　保税仓储服务

保税仓储服务是指在海关监管下的特定区域内，为进出口货物提供的一种特殊的仓储服务，帮助客户简化通关流程，节省关税成本。保税仓库区域内存放的货物在未正式办理完进口或出口清关手续前，可以暂时不受关税及其他税费的约束，享受关税缓征待遇。保税仓储服务的具体内容如下。

①保税存储。进口商可在货物入境后将其存放在保税仓库中，暂时不用缴纳进口关税和其他税费。这样做的好处是可以推迟纳税时间，缓解企业的资金压力，同时也可以在确定最终销售目的地之前，对货物进行分拣、加工、装配等操作。

②国际中转。对于需要在不同国家间中转的货物，可以通过保税仓储暂时存放，然后再发往其他国家，无须经过烦琐的进口报关和再出口程序。

③加工增值。在保税区内，企业可以对进口原材料或半成品进行加工、装配等

增值操作，完成后按成品出口，仅对增值部分征税。

④商品展示。对于需要在国内市场展示但还未确定是否销售的样品或展览品，可以存放在保税仓库中，待决定销售后再办理进口清关手续。

⑤分销配送。保税仓储还可作为国际分销配送中心，为跨国企业提供全球物流配送服务，货物在保税状态下进行分拨、配送，根据实际销售情况，分批进行报关进口。

保税仓储服务为进出口企业提供了极大的便利性和灵活性，大大优化了供应链管理，降低了企业的运营成本，有利于企业在全球范围内优化资源配置。同时，这也是各国政府为了吸引外资、促进国际贸易而推出的一种优惠政策和便利措施。

4.2.7　特殊货物处理服务

特殊货物处理服务是指针对具有特殊属性或特殊要求的货物，在仓储过程中提供的专项服务。这些货物可能包括但不限于易损品、危险品、冷藏冷冻品、贵重物品、大型或重型设备等。仓储特殊货物处理服务的具体内容包括但不限于以下几个方面：

①易损品处理。采用专业包装材料和方法，确保货物在存储和搬运过程中不受损坏。设立专用存储区域，避免与其他货物碰撞或挤压。定期检查货物状态，确保其在仓储期间的质量安全。

②危险品处理。遵守国家有关危险品仓储的规定，设立专门的危险品仓库，配备必要的安全设施和设备。严格控制仓库温湿度，确保危险品存储条件符合安全标准。仓库管理人员接受专业培训，熟知各类危险品的性质和安全处理方法。

③冷藏冷冻品处理。提供恒温恒湿的冷藏冷冻仓储环境，确保货物维持在适宜的温度区间。定期检查和维护冷藏冷冻设备，确保其正常运行。采用冷链物流，确保货物在装卸和运输过程中的温度稳定。

④贵重物品处理。设立防盗、防火、防尘、防潮等多重安全保障措施的专用存储区。采用电子监控、专人值守等方式，确保货物安全无虞。提供专业的保险服务，降低意外损失风险。

⑤大型或重型设备处理。提供专用的宽敞仓储空间和重型起重设备，确保设备能顺利搬入和搬出仓库。使用专业工具进行设备固定和吊装，避免设备损伤。提供设备安装、调试等增值服务。

4.2.8 金融服务

部分仓储企业还提供质押融资、仓单融资等金融增值服务，利用仓储货物作为抵押，为客户提供短期流动资金贷款。仓储金融服务是仓储业务与金融服务相结合的创新模式，它将传统的仓储服务与供应链金融、资产管理、风险管理等金融手段相结合，为客户提供包括但不限于以下几种服务。

①仓单质押融资。企业可以将存储在仓库中的货物作为质押物，凭借仓库出具的仓单向金融机构申请短期融资。这种服务有助于解决中小企业的资金流动性问题，提高资金周转效率。

②库存融资。根据企业真实的库存价值，金融机构为其提供基于库存价值的融资服务，企业无须将货物出售就能提前获得现金，用于经营活动。

③供应链金融解决方案。结合供应链上下游企业的信用和交易数据，仓储企业与金融机构合作，为客户提供应收账款融资、保理、订单融资等多种供应链金融服务。

④仓单保险服务。仓储金融服务还可能包括为仓单质押融资提供的保险服务，以保障货物在质押期间的安全和价值，降低企业和金融机构的风险。

⑤库存管理与价值评估。仓储金融服务还包括对库存商品进行实时、准确的价值评估和动态管理，以便金融机构及时掌握质押物的真实价值和风险状况。

⑥风险管理与咨询。提供风险管理服务，帮助客户分析和规避市场风险、信用风险和操作风险，同时提供与仓储金融相关的法律咨询、会计核算、税务筹划等增值服务。

4.3 仓储成本管理

仓储成本是指仓储企业在储存物品过程中，包括装卸、搬运、储存、保管、流通加工、收发物品等各个环节和制造购置仓库设施所消耗的人力、物力、财力及风险成本等的总和。下文主要讨论仓储成本的构成、仓储成本管理的意义，以及降低仓储成本的主要途径。

4.3.1 仓储成本的构成

仓储成本主要由以下十类构成。

①基础设施成本，如仓库的建设、租赁、改造、维护和折旧费用，以及仓库内各种设施设备的购置、维护和折旧成本。

②劳动力成本，包括仓库员工的工资、福利、社保、奖金等人力成本，以及招聘、培训和管理等间接人力成本。

③能源成本，指仓库运营所需的照明、取暖、制冷、电力、水资源等公用事业费用。

④物料成本，用于包装、搬运、存储过程中的各种耗材，如托盘、包装材料、货架维护用品等。

⑤运营成本，包括日常仓储管理、库存盘点、装卸搬运、订单处理等运营过程中产生的费用。

⑥技术服务成本，如WMS、监控系统、自动化设备等软硬件的投资和运维成本。

⑦财务成本，指库存占用的资金成本，即资金占用利息、机会成本等。

⑧风险管理成本，如保险费用、防损防窃、环境保护等相关支出。

⑨服务外包成本，如企业将部分仓储服务外包给第三方物流供应商需要支付的相关外包服务费用。

⑩不可预见的费用，如仓储过程中可能产生的罚款、滞纳金、因货物损坏或遗失而导致的赔偿费用等。

4.3.2 仓储成本管理的意义

仓储成本管理是仓储企业进行精益管理、提高市场竞争力、实现可持续发展不可或缺的部分。通过持续改进和优化仓储成本管理，企业能够确保供应链的整体稳健和高效运行。主要表现在如下几个方面。

①成本控制与利润提升。仓储成本管理是控制企业运营成本的关键环节，通过对仓储成本的有效控制，企业可以减少资源浪费，降低成本支出，从而提高盈利能力。

②优化资源配置。通过科学的仓储成本管理，企业可以更合理地配置仓储设施、人力、设备等资源，避免无效或过度投入，实现资源的最大化利用。

③提高运营效率。精细化的成本管理能够揭示仓储流程中的低效环节，促使企业改进作业流程，提高库存周转率，减少无效存储时间，进而提升整个物流系统的运营效率。

④改善供应链绩效。仓储成本是供应链成本的重要组成部分，良好的仓储成

本管理可以优化库存结构，降低库存成本，提高供应链响应速度，增强企业的竞争力。

⑤风险防范与合规性。通过有效的仓储成本管理，企业可以预防因库存过高或过低带来的风险，如库存积压导致的资金占用风险、断货导致的客户满意度下降等，并确保符合国家相关法律法规关于仓储安全、环保等方面的要求。

⑥辅助决策与战略规划。通过精确的仓储成本数据分析，企业可以获得更准确的决策依据，辅助进行未来的仓储布局、物流策略及商业模式的优化与创新。

4.3.3 降低仓储成本的途径

降低仓储成本是物流和供应链管理中的重要议题，以下是一些有效途径。

①优化仓库布局与空间利用。科学合理地规划仓库布局，提高空间利用率，如采用高层货架、窄巷道货架等方式提高立体存储能力。缩小库内通道宽度，优化拣选路径，减少无效行走和搬运距离。

②提高拣选与存储效率。引入自动化立体仓库系统、自动化拣选系统[如电子标签辅助拣选系统（pick-to-light）和语音拣选系统（voice picking）等]以提高作业效率。实行先进先出原则，减少货物过期风险，保持库存新鲜度。

③精确库存管理。采用先进的WMS，实时更新库存数据，避免库存积压和缺货。定期进行库存盘点，减少库存误差，确保库存数据准确性。

④降低运输成本。优化货物接收和出库流程，减少不必要的装卸次数。采用联合配送、交叉对接等策略，集中运输，减少空载和无效运输。

⑤提升供应链协同性。加强与供应商、客户的信息共享与协同，准确预测需求，降低库存持有成本。实施VMI或寄售库存模式，减轻企业库存压力。

⑥灵活租赁与合作模式。根据业务需求灵活租赁仓库空间，避免空置成本。考虑采用公共仓储或云仓模式，共享仓储资源，降低固定成本投入。

⑦培训与绩效管理。对员工进行专业技能培训，提高作业效率和准确性，降低错误率和损耗。实施关键绩效指标（key performance indicator，KPI）考核和激励机制，提升员工积极性和责任心。

⑧持续改进与精益管理。实施精益库存管理，剔除不增值的仓储环节和动作。定期审查仓储流程，通过六西格玛、精益物流等方法，不断优化流程，降低成本。

通过上述多种途径的综合运用和持续改进，企业能够在仓储环节实现成本的有效降低，同时提高整体物流和供应链的运行效率。

4.4　仓储经营与成本的数智化管理

数智化仓储管理是现代仓储行业的发展趋势，通过融合物联网、大数据、云计算、人工智能等先进技术，实现对仓储业务的全面、实时、精准管控，可以有效地改变传统仓储管理的诸多弊端，显著提升仓储企业的经营效益，并且在多个维度降低仓储成本。

4.4.1　仓储数智化管理的作用

数智化管理通过以下几个方面帮助仓储企业优化经营与成本管理。

①库存管理精细化。通过部署RFID标签和物联网传感器，实时监测每个SKU的位置、状态及环境条件，确保库存信息的准确性，大大减少了库存差错造成的损失。同时，通过大数据分析，精准预测市场需求，减少过度库存和缺货现象，有效降低库存成本。

②智能拣选与自动化设备。数智化仓储管理系统采用智能拣选系统，如语音拣选、图像识别等技术，结合自动化机械设备，如自动化立体仓库系统、AGV等，大幅度提高了拣选效率，降低了人力成本。同时，利用智能路径规划算法优化拣选路径，提升了仓库作业的整体效能。

③云仓储与协同平台。通过云端仓储平台，实现多仓库、多渠道库存的实时共享与联动管理，确保库存资源在全链条上的最优配置，避免了库存积压，降低了存储成本。同时，与供应商和物流服务商实现信息无缝对接，加强供应链协同，进一步削减了物流成本。

④成本精细化分析与控制。数智化仓储管理系统可以实时追踪和分析各项仓储运营成本，包括租金、人力、能源消耗、设备折旧等，并通过数据驱动的决策支持系统，精准找出成本控制的关键环节，制定有针对性的成本优化策略，确保企业在保证服务质量的同时，有效降低运营成本。

⑤资源优化配置与节能环保。通过智能调度和优化存储布局，减少无效的货物移动和存储空间的浪费，同时，结合节能型设备和技术，降低能源消耗，践行绿色环保理念，实现仓储经营的可持续发展。

4.4.2 仓储数智化管理案例

某大型电商平台近年来采用数智化仓储管理系统，成功实现了仓储经营与成本的高效管理。他们引进了先进的WMS，并与物联网设备、大数据分析平台和AI技术相结合，实现了仓储运营的智能化升级。

这家电商巨头近年来紧跟数字化转型步伐，大力引入并整合了一系列前沿技术，构建了一套完善的数智化仓储管理系统，有效提升了仓储效率，并精细管控各项成本。

第一，从物联网技术的应用层面来看，该电商平台全面部署RFID标签和物联网传感器网络，这些"神经末梢"深入仓库各个角落，对所有SKU的实时状态进行全方位监测。无论是商品的精确存放位置，还是储藏环境的关键指标如温度、湿度等，都能做到实时反馈和预警。这种透明化的库存管理方式从根本上消除了库存盘点误差，极大地提高了库存准确度，降低了物品过期、变质、破损等不可控因素导致的经济损失。

第二，依托于大数据分析与智能预测技术，该电商平台搭建起强大的数据分析引擎，通过对历年海量销售数据、季节性消费规律及市场走势的深度学习与挖掘，精准预判未来各时段的库存需求量。这不仅能及时规避库存过剩的问题，也能有效防止缺货带来的商机流失。更进一步地，系统还能基于预测结果动态优化补货计划和批次，精确控制库存周转速度，从而大幅度压缩库存持有成本。

第三，在操作层面，智能拣选系统与自动化设备的集成运用，无疑是对传统人工操作模式的重大革新。例如，借助语音拣选系统、视觉识别技术等先进手段，工作人员可快速定位目标商品，配合高效的自动化机械臂、穿梭车等设备完成高精度的拣选任务，大幅提高仓库内的作业效率。不仅如此，系统还运用动态路径规划算法，科学指导拣选员行动路线，最大限度减少无效移动时间，使得仓库整体运作效能得到显著提升。

第四，该电商平台通过构建云端仓储与协同平台，实现了跨地域、跨渠道库存的实时同步与统一调配，确保库存资源在不同销售渠道间灵活流转，维持供需平衡，有效避免了库存积压风险。

第五，该电商平台强化了与上游供应商和下游物流服务商的信息共享与协同作业，通过无缝对接业务流程，持续优化整个供应链的响应速度与效率，从而节约物流成本，提升客户满意度。

第六，该电商平台充分运用数智化工具对企业内部仓储运营的各项成本进行了细致入微的跟踪分析。无论是租金支出、人力成本、能源消耗，还是设备折旧等各项间接费用，都能通过精准的数据采集和分析模型，找出隐藏的成本控制点，进而制定出针对性强、效果明显的成本优化策略，不断驱动企业仓储经营管理水平向更高层次迈进。

综上所述，数智化仓储管理可通过科技创新助力仓储企业突破传统管理模式的局限，实现降本增效的可持续发展目标。

课后思考题

1. 常见的仓储经营模式有哪些？分别有什么优点？适用于什么条件？

2. 仓储增值服务有哪些？

3. 简述仓储成本及其构成。

4. 如何利用数智化技术开展仓储增值服务？

5. 如何利用数智化技术控制仓储成本？

本章课件

第 5 章
已知需求的库存控制模型

　　本章主要讨论在已知需求时的经济订货批量模型、经济生产批量模型、再订货点的计算、数量折扣下的经济批量模型、允许缺货且允许延期交货的经济批量模型、允许缺货但不允许延期交货的经济批量模型，这些模型是数智化库存控制的基础。

5.1　经济订货批量模型

下文将分析库存控制模型中的四类成本、经济订货批量模型产生的背景、经济订货批量模型中的符号定义和假设条件、经济订货批量与经济订货周期的推导，以及经济订货批量的调整。

5.1.1　库存控制模型中的四类成本

在通常情况下，库存控制模型中应考虑的成本包括单位成本、再订货成本、存货持有成本和缺货成本四种。

（1）单位成本

单位成本是指向供应商支付的每个单位存货物品的价格。

（2）再订货成本

再订货成本指的是对某种产品进行再次订货的成本，包括制作订单的相关费用（涉及检查、授权、结算和分拨等环节）、通信费用、收货费用（涉及卸货、检查和测试等环节）、运输费用等。值得注意的是，再订货成本的"再订货"特征，它是对某种产品实施再次订货所产生的成本，而不是第一次采购的成本，因此，它不包括寻找合适的供应商、检查产品可靠性和质量、询价、谈判等相关费用。

常见的对再订货费用的估算方法如下：

$$再订货成本 = \frac{采购部门的年采购总成本（+相关成本）}{发布的订单数量}$$

当企业自行生产某种产品的时候，再订货成本通常指的是批量开工成本，它包括生产相关的文件档案成本、重新配置设备时产生的机会成本、操作人员的闲置成本、试车时产生的测试物料的成本、试运行时生产效率较低所造成的机会成本等。

（3）存货持有成本

存货持有成本是指在一段时间内持有一个单位的存货所产生的成本。计算存货持有成本的时间段通常为 1 年，因此，对于存货持有成本的正确表达方式通常是每年多少个货币单位。

存货持有成本主要包括以下几个方面：

①资金成本（capital cost），指存货占用的资金无法用于其他投资或经营活动所产生的机会成本。具体包括资金利息支出、可能的投资回报损失等。

②仓储成本（storage cost），包括仓库租金、物业维护费用、仓库管理与运营成

本（如电费、水费、设备折旧费、安保费用等）。

③保险与税费（insurance and tax costs），指为存货投保产生的保险费用，以及根据存货价值征收的相关税费，如财产税等。

④损耗与残损成本（shrinkage and damage costs），包括存货自然损耗、过期变质、偷盗、意外损害等引起的损失。

⑤搬运与维护成本（handling and maintenance costs），指存货在仓库内的搬运、盘点、整理、保养等所产生的费用。

⑥库存服务成本（inventory service costs），指与存货相关的其他间接费用，如存货信息系统维护、存货审计等行政管理成本。

（4）缺货成本

缺货成本（out-of-stock cost 或 stockout cost）是指企业库存不足以满足客户需求而引发的各种损失和额外支出。举一个简单的例子，一个零售商如果出现缺货，就会在销售额上有所损失，除此之外，缺货情况的发生还会对企业的商誉、未来的业务开展等造成影响。对于生产企业来说，部件的缺货会造成严重的运作中断，需要实施紧急应对方案，如进行紧急采购或调拨，紧急调整生产排程，延迟交付订单，并可能面临客户索赔或客户流失。

因此，缺货成本包括以下几个方面内容：

①销售收入损失。当库存不足以满足客户订单时，企业会失去销售机会，导致直接的销售收入下降。

②客户流失成本。由于无法及时供货，客户可能会转向竞争对手，导致长期客户关系破裂和市场份额下滑。

③紧急采购成本。为尽快补充库存以满足客户需求，企业可能需要紧急采购，这通常会导致采购价格上升、运费增加或其他附加费用。

④延期交付罚款。在合同中有明确规定交货期限的情况下，缺货可能会导致企业违反合同条款，不得不支付违约金或赔偿金。

⑤信誉损失与品牌损害。频繁的缺货会影响企业在市场上的形象和口碑，降低消费者对品牌的信任度和忠诚度。

⑥加班赶工成本。为了尽快恢复库存或补足订单，企业可能需要支付员工加班费，或增加临时工以加速生产或采购过程。

5.1.2 经济订货批量模型产生的背景

经济订货批量（economic order quantity, EOQ）模型最早由美国工程师福特·惠特曼·哈里斯（Ford Whitman Harris）于 1913 年提出，其研究成果发表在 *Factory, The Magazine of Management* 期刊上，即《一次生产多少零部件为宜》（"How Many Parts to Make at Once"），文中包含完整的 EOQ 公式推导。1934 年，奥地利经济学家卡尔·门格尔（Karl Menger）在数学研讨会上进一步探讨了 EOQ 模型的优化问题，但未引起广泛关注。真正推动 EOQ 模型在学术界和工业界普及的，是 20 世纪 50 年代美国运筹学家肯尼斯·阿罗（Kenneth Arrow）、西奥多·哈里斯（Theodore Harris）与雅各布·马尔沙克（Jacob Marschak）等的研究。例如，阿罗 1951 年的论文《最优库存策略》（"Optimal Inventory Policy"）系统化分析了 EOQ 模型的应用条件与局限性。

经济订货批量模型是库存管理理论中的一个重要组成部分，它帮助企业确定在满足一定服务水平的同时以最低的总成本（包括订货成本和库存持有成本）进行订货。这个模型为企业在管理库存时提供了一个科学的决策工具，对实际运营管理产生了深远的影响。

5.1.3 经济订货批量模型中的符号定义

为了便于读者阅读、理解与掌握本书中库存控制模型相关章节，编者将对文中涉及的常量、变量、参数等采用统一的数学符号表示。

D：单位时间需求量；

Q：订货批量或生产批量；

Q^*：经济订货批量或经济生产批量；

T：订货周期或生产周期；

T^*：经济订货周期或经济生产周期；

TC：单位时间内因持有库存而带来的总成本；

UC：单位产品的价格；

RC：再订货成本；

HC：单位时间单位货物的存货持有成本；

SC：单位时间单位缺货量的缺货成本；

LT：订货提前期；

ROP：再订货点；

d：需求速度；

p：生产速度或供货速度；

$I_{\max}$：最大库存量。

5.1.4 经济订货批量模型中的假设条件

经济订货批量模型的假设条件如下：

①库存需求速度d是固定的，且在整个时间段内保持一致。

②订货提前期LT是固定的，所订产品瞬时到货（补货提前期可忽略不计）。

③单位产品的价格UC是固定的。

④存货持有成本以平均库存为计算依据，单位时间单位货物的存货持有成本HC固定不变。

⑤再订货成本RC是固定的。

⑥不允许发生缺货，缺货成本SC为无穷大。

5.1.5 经济订货批量与经济订货周期的推导

根据上述假设条件，经济订货批量模型下的库存量变化情况如图5-1所示。

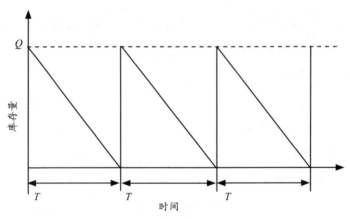

图5-1　经济订货批量模型下的库存量变化

库存控制模型的评价标准是单位时间内持有库存带来的总成本。下面以年为单位时间对经济订货批量进行推导。因假设缺货成本为无穷大，故也不考虑缺货成本。年总成本可写为如下形式：

$$TC = UC \times D + \frac{D}{Q} \times RC + \frac{Q}{2} \times HC \tag{5-1}$$

根据假设条件，在式（5-1）中单位价格UC为常量，单位时间需求量D为常量，因此，UC×D 的大小不受订货批量 Q 的影响；$\dfrac{D}{Q}$×RC 为单位时间内的订货成本，随着 Q 的增加而降低；$\dfrac{Q}{2}$×HC 为单位时间内的库存持有成本，随着 Q 的增加而增加。单位时间内持有库存而带来的总成本随着订货批量的增加而呈现如下变化（见图 5-2）。

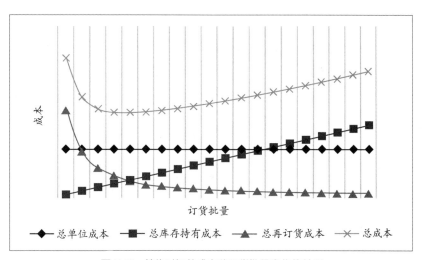

图 5-2　单位时间总成本随订货批量变化的关系

根据微积分求极值的方法，我们将 TC 对 Q 求一阶导数，并令其为 0，即有

$$\frac{\delta(\mathrm{TC})}{\delta Q}=-\frac{\mathrm{RC}\times D}{Q^2}+\frac{\mathrm{HC}}{2}=0 \tag{5-2}$$

解方程（5-2）得，$Q=\pm\sqrt{\dfrac{2\times\mathrm{RC}\times D}{\mathrm{HC}}}$。由于 $Q>0$，并且 TC 对 Q 的二阶导数 $2\times\mathrm{RC}\times D\times Q^{-3}$ 在 $Q=\sqrt{\dfrac{2\times\mathrm{RC}\times D}{\mathrm{HC}}}$ 时大于 0，因此最优订货批量为

$$Q^*=\sqrt{\frac{2\times\mathrm{RC}\times D}{\mathrm{HC}}} \tag{5-3}$$

由 $Q=\dfrac{D}{T}$，于是最优订货周期为

$$T^*=\frac{Q^*}{D}=\frac{\sqrt{\dfrac{2\times\mathrm{RC}\times D}{\mathrm{HC}}}}{D}=\sqrt{\frac{2\times\mathrm{RC}}{\mathrm{HC}\times D}} \tag{5-4}$$

此时，最低总成本为

$$TC^* = UC \times D + \frac{D}{Q^*} \times RC + \frac{Q^*}{2} \times HC$$

$$= UC \times D + \frac{D}{\sqrt{\dfrac{2 \times RC \times D}{HC}}} \times RC + \frac{1}{2} \times \sqrt{\frac{2 \times RC \times D}{HC}} \times HC$$

$$= UC \times D + \sqrt{2 \times RC \times D \times HC} \qquad (5-5)$$

例 5-1　某电器厂平均每年需要购入某种电子元件 1200 件，每件电子元件的价格为 4 元，每批货物的订购费为 5 元。每次货物到达后先存入仓库，平均每年每件电子元件的存储费用为 4.8 元。试求电器厂对该电子元件的最佳订购批量、每年的最佳订货次数、最低年总成本。

解：由已知条件，$D=1200$（件/年），$UC=4$（元/件），$RC=5$（元/次），$HC=4.8$（元·年$^{-1}$·件$^{-1}$）

由式（5-3）、（5-4）和（5-5）得出：

最佳订购批量 $Q^* = \sqrt{\dfrac{2 \times RC \times D}{HC}} = \sqrt{\dfrac{2 \times 5 \times 1200}{4.8}} = 50$（件/次）

最佳订货周期 $T^* = \sqrt{\dfrac{2 \times RC}{HC \times D}} = \sqrt{\dfrac{2 \times 5}{4.8 \times 1200}} = \dfrac{1}{24}$（年）

最低年总成本

$TC^* = UC \times D + \sqrt{2 \times RC \times D \times HC} = 4 \times 1200 + \sqrt{2 \times 5 \times 1200 \times 4.8} = 5040$（元/年）

每年最佳订货次数 $= \dfrac{1}{T^*} = 24$（次）

例 5-2　接例 5-1，若因生产规模扩大，电子元件每年的需求量为 4800 件，即增加到原来需求量的 4 倍，其他条件没有改变。此时最佳订购批量是否也增大到原来的 4 倍？

解：此时最佳订购批量 $Q^* = \sqrt{\dfrac{2 \times RC \times D}{HC}} = \sqrt{\dfrac{2 \times 5 \times 4800}{4.8}} = 100$（件/次），即现在最佳订购批量仅为原来订购量的 2 倍。

例 5-3　接例 5-1，若因生产规模扩大，电子元件每年的需求量为 5140 件，其他条件没有改变。此时最佳订购批量是多少？

解：此时最佳订购批量 $Q^* = \sqrt{\dfrac{2 \times RC \times D}{HC}} = \sqrt{\dfrac{2 \times 5 \times 5140}{4.8}} = 103.48$（件/次）

在这种情况下，因为电子元件单位为件，订货批量显然不应该是 103.48 件。那么，订货批量应该取多少较为合适呢？这就涉及经济订货批量的调整问题，下文将对订货批量的调整问题进行讨论。

5.1.6　经济订货批量的调整

按经济订货批量公式 $Q^* = \sqrt{\dfrac{2 \times RC \times D}{HC}}$ 可以求得最优批量，此时企业的库存总成本是最低的。但当出现如下情况时，企业可能不会直接采用经济订货批量而需要在计算得到 Q^* 值的基础上进行调整：

①当EOQ计算得出的结果并不是整数单位时，比如在例5-3中，计算得到的 Q^* 值是 103.48 件，0.48 件是没有意义的，我们要么采购 103 件，要么采购 104 件。

②供应商不愿意在标准包装的基础上进行分票时，比如在例5-3中，该元件的标准包装是每盒 10 个，只能整盒供应，那么，我们要么采购 100 件，要么采购 110 件。

③送货是采用固定运输能力的车辆进行的。比如企业计算得到的经济订货批量是 13 吨，而提供运输的车辆的额定载货量是 12 吨，那么，需要进一步讨论是否应将订货批量从 13 吨调整为 12 吨以减少运输成本。

这样，我们就遇到一个问题：如果不使用经济订货批量，成本将会上升多少？还是用例5-3，当 $Q^* = 103.48$（件/次）时，除单位成本之外的总可变成本为

$$VC^* = \frac{D}{Q^*} \times RC + \frac{Q^*}{2} \times HC = \sqrt{2 \times RC \times D \times HC} = HC \times Q^* = 496.7 \text{（元）}$$

如果订货批量为 100，则

$$VC = \frac{D}{Q} \times RC + \frac{Q}{2} \times HC = \frac{5140}{100} \times 5 + \frac{100}{2} \times 4.8 = 497 \text{（元）}$$

如果订货批量为 110，则

$$VC = \frac{D}{Q} \times RC + \frac{Q}{2} \times HC = \frac{5140}{110} \times 5 + \frac{110}{2} \times 4.8 = 497.6 \text{（元）}$$

从计算结果看，批量订购 100 件时（比经济订货批量少 3.36%），总可变成本上升了 0.3 元，即增加了 0.06%；批量订购 110 件时（比经济订货批量多 6.3%），总可变成本上升了 0.9 元，即增加了 0.18%。也就是说，在这个例子中，可变成本在最小值附近是相对稳定的，在采购时，稍稍偏离一下经济订货批量的值是不会引起总成本大幅提高的。为了进一步验证这一点，我们可以将订货批量为 Q^* 时的总可变成本 VC^* 与订货批量为 Q 时的总可变成本 VC 进行对比。

由 $\text{VC}=\text{HC}\times Q^*$，$\text{VC}=\dfrac{D}{Q}\times\text{RC}+\dfrac{Q}{2}\times\text{HC}$，将 VC 除以 VC^*，可得

$$\frac{\text{VC}}{\text{VC}^*}=(\frac{D}{Q}\times\text{RC}+\frac{Q}{2}\times\text{HC})/(\text{HC}\times Q^*)=\frac{\dfrac{D\times\text{RC}}{\text{HC}}}{Q\times Q^*}+\frac{1}{2}\times\frac{Q}{Q^*} \qquad (5\text{-}6)$$

因为 $Q^*=\sqrt{\dfrac{2\times\text{RC}\times D}{\text{HC}}}$，所以 $\dfrac{D\times\text{RC}}{\text{HC}}=\dfrac{1}{2}(Q^*)^2$，式（5-6）又可以写成

$$\frac{\text{VC}}{\text{VC}^*}=\frac{\dfrac{1}{2}(Q^*)^2}{Q\times Q^*}+\frac{1}{2}\times\frac{Q}{Q^*}=\frac{1}{2}\times\frac{Q^*}{Q}+\frac{1}{2}\times\frac{Q}{Q^*} \qquad (5\text{-}7)$$

如果可以接受的总体可变成本的范围是 5%，$\text{VC}=1.05\times\text{VC}^*$，可以接受的批量的变化范围是 k，$Q=k\times Q^*$，式（5-7）可写为

$1.05=\dfrac{1}{2}\times\dfrac{1}{k}+\dfrac{1}{2}\times k$，或者 $2.1k=1+k^2$

解这个一元二次方程，可得到两个解

$k_1=1.37$，$k_2=0.73$

即如果可变成本在最低可变成本基础上增加 5% 是可以接受的，那么批量可以在经济订货批量基础上上浮 37% 或下调 27%。这也表明总体可变成本在经济批量附近是相对比较稳定的。

如果可变成本在最低可变成本基础上增加 10% 是可以接受的，用同样的计算方法，计算得到批量可以在经济订货批量基础上上浮 56% 或下调 36%。

例 5-4 某面包房每周工作 6 天，每年工作 49 周，这个面包房所采购的面粉是由供应商直接送货的，每次送货费用为 75 元。每天要用掉 10 袋全麦面粉，每袋面粉采购价格为 120 元。存货使用成本为每年 12%，此外，材料损耗、存储破损和保险方面的费用是每年 6.75%。

（1）面包房应采用多大的订货批量？该订货批量相应的可变成本是多少？

（2）如果面粉的库存周期为 2 周，每次订货应该采购多少？可变成本是多少？

（3）如果允许的采购限额为一次最大 15000 元的话，应该使用多大的订货批量？可变成本是多少？

（4）如果面粉工厂只能在周一进行送货的话，每次应该采购多少？采购频率为多长时间一次？

解：通过题意可知

年需求量 $D = 10 \times 6 \times 49 = 2940$（袋/年）

单位价格 UC $= 120$（元/袋）

每次再订货成本 RC $= 75$（元/次）

每袋面粉的年持有成本 HC $= (0.12 + 0.0675) \times 120 = 22.5$（元·袋$^{-1}$·年$^{-1}$）

（1）把这些已知条件代入公式 $Q^* = \sqrt{\dfrac{2 \times \text{RC} \times D}{\text{HC}}}$，可以得到

$$Q^* = \sqrt{\frac{2 \times \text{RC} \times D}{\text{HC}}} = \sqrt{\frac{2 \times 75 \times 2940}{22.5}} = 140 \text{（袋）}$$

$$\text{VC}^* = \text{HC} \times Q^* = 22.5 \times 140 = 3150 \text{（元/年）}$$

（2）如果面粉的库存周期为 2 周，就意味着如果一次采购量大于 $10 \times 6 \times 2 = 120$ 袋面粉，超出部分就因过期而被浪费，为避免浪费，实际采购批量不能超过 120 袋。同时，实际的采购批量与 Q^* 值的偏离越大，可变成本越高，因此，为了控制可变成本，面包房应使订货批量尽量接近 Q^*，即 140 袋。所以，订货批量 Q 应设定为 120（袋/次）。

此时，可变成本为

$$\text{VC} = \text{VC}^* \times \left(\frac{1}{2} \times \frac{Q^*}{Q} + \frac{1}{2} \times \frac{Q}{Q^*} \right) = 3150 \times \left(\frac{1}{2} \times \frac{140}{120} + \frac{1}{2} \times \frac{120}{140} \right) = 3187.5 \text{（元/年）}$$

（3）采购限额为一次最大 15000 元时，每次最多采购 125 袋。同样，面包房应使订货批量尽量接近 Q^*，订货批量 Q 应设定为 125 袋。此时，可变成本为

$$\text{VC} = \text{VC}^* \times \left(\frac{1}{2} \times \frac{Q^*}{Q} + \frac{1}{2} \times \frac{Q}{Q^*} \right) = 3150 \times \left(\frac{1}{2} \times \frac{125}{140} + \frac{1}{2} \times \frac{140}{125} \right) = 3170.3 \text{（元/年）}$$

（4）如果只能在周一送货，那么订货批量应为 1 周用量的整数倍。因为经济订货批量 $Q^* = 140$（袋），每周用量 60 袋，面包房要么按 2 周用量订货，要么按 3 周用量订货。

当按 2 周用量订货时，即 $Q = 120$（袋）时，在（2）中已解出此时可变成本为 3187.5（元/年）。

当按 3 周用量订货时，即 $Q = 180$（袋）时，可变成本为

$$\text{VC} = \text{VC}^* \times \left(\frac{1}{2} \times \frac{Q^*}{Q} + \frac{1}{2} \times \frac{Q}{Q^*} \right) = 3150 \times \left(\frac{1}{2} \times \frac{180}{140} + \frac{1}{2} \times \frac{140}{180} \right) = 3250 \text{（元/年）}$$

显然，如果采用每 2 周订货一次，每次订货 120 袋时成本较低。

5.2 经济生产批量模型

下文将分析经济生产批量的定义与公式的推导。

5.2.1 经济生产批量的定义

经济生产批量（economic production lot, EPL）又称经济生产量（economic production quantity，EPQ）。由于生产系统调整准备时间的存在，且生产速度与需求速度往往不一致，在生产中需要对每次生产多少数量的产品进行决策，即需要对生产批量的大小进行决策。使总成本最低的生产批量，称为经济生产批量。

经济生产批量模型的假设条件如下：

①库存需求速度 d 是固定的，且在整个时间段内保持一致。

②生产提前期 LT 是固定的。

③生产速度 p 是固定的，且生产速度 p 大于需求速度。

④单位产品的生产成本 UC 是固定的。

⑤存货持有成本以平均库存为计算依据，单位时间单位货物的存货持有成本 HC 固定不变。

⑥再生产成本 RC 是固定的。

⑦不允许发生缺货，缺货成本 SC 为无穷大。

5.2.2 经济生产批量的推导

根据上述假设条件，经济生产批量模型下的库存量变化情况如图 5-3 所示。

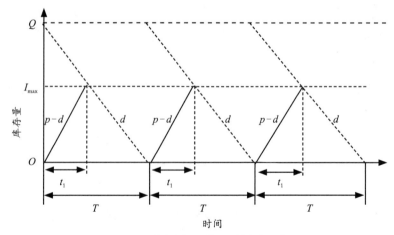

图 5-3　经济生产批量模型下的库存量变化

在图 5-3 中，每次生产的批量为 Q，p 为生产速度，d 为生产速度，T 为生产周期，t 为生产时间，$I_{\max}$ 为最大库存量。

最大库存量 $I_{\max} = (p-d) \times t_1$，生产时间 $t_1 = \dfrac{Q}{p}$，故

$$I_{\max} = (p-d) \times t_1 = (p-d) \times \frac{Q}{p} = Q \times (1 - \frac{d}{p})$$

年总成本可写为如下形式：

$$\text{TC} = \text{UC} \times D + \frac{D}{Q} \times \text{RC} + \frac{I_{\max}}{2} \times \text{HC} = \text{UC} \times D + \frac{D}{Q} \times \text{RC} + \frac{Q \times (1-\frac{d}{p})}{2} \times \text{HC} \quad (5\text{-}8)$$

对于式（5-8），将 TC 对 Q 求一阶导数，并令其为 0，即有

$$\frac{\delta(\text{TC})}{\delta Q} = -\frac{\text{RC} \times D}{Q^2} + \frac{\text{HC}}{2} \times (1 - \frac{d}{p}) = 0 \quad (5\text{-}9)$$

解方程（5-9）可得，$Q = \pm \sqrt{\dfrac{2 \times \text{RC} \times D}{\text{HC}(1-\frac{d}{p})}} = \pm \sqrt{\dfrac{2 \times \text{RC} \times D}{\text{HC}}} \times \sqrt{\dfrac{p}{p-d}}$。由于 $Q > 0$，

并且 TC 对 Q 的二阶导数 $2 \times \text{RC} \times D \times Q^{-3}$ 在 $Q = \sqrt{\dfrac{2 \times \text{RC} \times D}{\text{HC}}} \times \sqrt{\dfrac{p}{p-d}}$ 时大于 0，因此最优订货批量为

$$Q^* = \sqrt{\frac{2 \times \text{RC} \times D}{\text{HC}}} \times \sqrt{\frac{p}{p-d}} \quad (5\text{-}10)$$

由 $Q = \dfrac{D}{T}$ 与式（5-10），得出最优订货周期为

$$T^* = \frac{Q^*}{D} = \frac{\sqrt{\dfrac{2 \times \text{RC} \times D}{\text{HC}}} \times \sqrt{\dfrac{p}{p-d}}}{D} = \sqrt{\frac{2 \times \text{RC}}{\text{HC} \times D}} \times \sqrt{\frac{p}{p-d}} \quad (5\text{-}11)$$

当订货批量与订货周期满足式（5-10）与（5-12）时，最低总成本的计算结果见式（5-12）。

$$\text{TC}^* = \text{UC} \times D + \frac{D}{Q^*} \times \text{RC} + \frac{I_{\max}}{2} \times \text{HC}$$

$$= \text{UC} \times D + \frac{D}{\sqrt{\dfrac{2 \times \text{RC} \times D}{\text{HC}}} \times \sqrt{\dfrac{p}{p-d}}} \times \text{RC} + \frac{1}{2} \times \sqrt{\frac{2 \times \text{RC} \times D}{\text{HC}}} \times \sqrt{\frac{p}{p-d}}(1 - \frac{d}{p}) \times \text{HC}$$

$$= \text{UC} \times D + \sqrt{2 \times \text{RC} \times D \times \text{HC}} \times \sqrt{\frac{p-d}{p}}$$

$$(5\text{-}12)$$

例 5-5 根据预测，市场每年对 X 公司的产品需求量为 10000 个。一年按 250 个工作日计算，平均日需求量为 40 个。该公司的日生产量为 80 个，每次生产准备费用为 100 元，单位产品年库存成本为 4 元。试确定其经济生产批量。

解： 由题意可得

年需求量 $D=10000$（个/年）

每次再订货成本 $RC=100$（元/次）

每个产品的年持有成本 $HC=4$（元·个$^{-1}$·年$^{-1}$）

生产速度 $p=80$（个/日）

需求速度 $d=40$（个/日）

把这些已知条件代入公式 $Q^*=\sqrt{\dfrac{2\times RC\times D}{HC}}\times\sqrt{\dfrac{p}{p-d}}$，可以得到

$$Q^*=\sqrt{\frac{2\times RC\times D}{HC}}\times\sqrt{\frac{p}{p-d}}=\sqrt{\frac{2\times100\times10000}{4}}\times\sqrt{\frac{80}{80-40}}=1000\ （个）$$

因此，其经济生产批量是 1000 个。

例 5-6 戴安公司是生产氧气瓶的专业厂。该厂年工作日为 220 天，市场对氧气瓶的需求率为 50 瓶/天。氧气瓶的生产率为 200 瓶/天，年库存成本为 1 元/瓶，设备调整费用为 35 元/次。求：

（1）经济生产批量；

（2）每年生产次数；

（3）最大库存水平；

（4）生产周期、一个周期内的生产时间和纯消耗时间的长度。

解： 由题意可得

年需求量 $D=50\times220=11000$（瓶/年）

每次再订货成本 $RC=35$（元/次）

每个产品的年持有成本 $HC=1$（元·瓶$^{-1}$·年$^{-1}$）

生产速度 $p=200$（瓶/日）

需求速度 $d=50$（瓶/日）

（1）经济生产批量 $Q^*=\sqrt{\dfrac{2\times RC\times D}{HC}}\times\sqrt{\dfrac{p}{p-d}}=\sqrt{\dfrac{2\times35\times11000}{1}}\times\sqrt{\dfrac{200}{200-50}}=1013$（瓶/次）

（2）每生产次数 = 年需求量 $/Q=11000/1013=10.86\approx11$（次）

（3）最大库存水平 $I_{\max} = Q^* \times (1 - \dfrac{d}{p}) = 1013 \times (1 - \dfrac{50}{200}) = 760$ （瓶）

（4）经济生产周期、一个周期内的生产时间和纯消耗时间的长度分别为

经济生产周期 $T^* = \dfrac{Q^*}{D} = \dfrac{1013}{11000} = 0.092$ （年）$= 20.24$（天）

生产时间 $t_1 = \dfrac{Q^*}{p} = \dfrac{1013}{200} = 5.065$ （天）

纯消耗时间 $T^* - t_1 = 20.24 - 5.065 = 15.175$（天）

5.3 再订货点的计算

5.1 ～ 5.2 分别讨论了经济订货批量模型与经济生产批量模型，在一定的假设条件下应用相关模型可以计算得到最低成本下的经济批量。订单发出后需要等待一段时间后才能收到货物，那么问题来了：在什么时候发出订单可以既不出现缺货又不至于出现积压呢？

5.3.1 订货提前期与订货周期

订货提前期与订货周期是两个不同的概念。

（1）订货提前期

订货提前期（lead time，LT）是指从企业决定下单采购或补充库存开始，到实际收到货物并可以投入使用的这段时间。

订货提前期的出现主要有以下几个原因：

①生产周期。对于制造业而言，从接受订单到完成生产并交付产品需要一定的时间，尤其是定制化产品或生产周期较长的产品。

②运输时间。从供应商发货到货物抵达企业仓库，其间包含装卸、运输、清关等环节，都需要一定的时间。

③供应商备货时间。供应商接收订单后，可能需要时间去组织生产、采购原材料、装配和打包产品。

④信息传递和处理时间。从下订单到供应商确认订单并开始处理，再到发出货物，中间可能涉及的沟通、审批、录入系统等环节也需要时间。

⑤不确定性因素。天气、交通、突发故障、节假日等外部不可控因素也会影响订货提前期。

订货提前期对企业库存管理至关重要，因为它决定了企业何时需要下订单以确

保库存充足，避免缺货导致的生产停滞或销售损失，同时也避免过多库存导致的资金占用和存储成本增加。在实际操作中，企业通常会根据历史数据、供应商表现及行业经验等因素，精确估计并合理控制订货提前期。

（2）订货提前期长度的三种情况

订货提前期长度有以下三种情况。

①LT=0，提前期为0，即企业下单后立刻到货。

②LT≤T，提前期长度不小于订货周期或生产周期。

③LT>T，提前期长度大于订货周期或生产周期。

对于上述三种情况的提前期长度，其再订货点的确定方法是不一样的。

5.3.2 再订货点的确定

与订货提前期长度的三种不同情况相对应，在确定再订货点时有三种不同的方法。

（1）LT=0时的再订货点

当LT=0时，因企业下单后可以立刻到货，当企业存在库存需求而已有库存却消耗殆尽时，只要下单就可以立刻完成库存补充。所以，当LT=0时，ROP=0。

（2）LT≤T时的再订货点

当LT≤T时，订货提前期与再订货点的关系如图5-4所示。

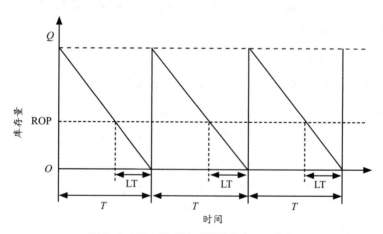

图5-4　LT≤T时的订货提前期与再订货点

从图5-4中可见，处于ROP点的库存量正好可以满足提前期的需求。此时，再订货点可以通过如下公式进行计算：

$$ROP = LT \times D$$

此处注意订货提前期与需求速度的时间单位要保持一致。

（3）LT > T 时的再订货点

当LT > T时，订货提前期与再订货点的关系如图 5-5 所示。

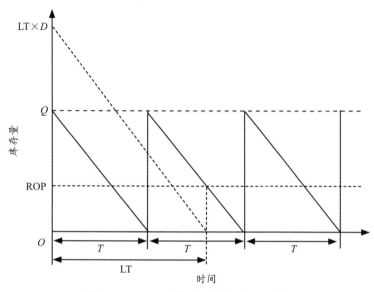

图 5-5　LT > T时的订货提前期与再订货点

从图 5-5 中可见，提前期的需求量为LT×D，如果直接按照提前期的需求量来确定再订货点，显然此时LT×D > Q，即再订货点大于最大库存，而实际上这种情况不可能发生。

当LT > T时，在一个订货提前期中，可能有几个未完成订单。当订货提前期大于n个订货周期且小于n+1 个订货周期的时候，即n×T < LT < (n+1)×T时，在企业发布新订单的时候，会有n个订单尚未交付，这n个订单将在新订单交付前完成交付，这n个订单包含的订货总量相当于在途库存。订货提前期的需求可以同时由这n个订单带来的在途库存与再订货点库存来满足，即

提前期需求量 = 再订货点 + 未交付的n个订单批量之和

再订货点 = 提前期需求量 − 未交付的n个订单批量之和

再订货点用以下公式来表示：

$$ROP = LT \times D - n \times Q^*$$

例 5-7　某种产品的需求是稳定的，为每年 1200 个产品单位。再订货成本为160 元，每个产品单位的存货持有成本为每年 2.4 元。请算出下列情况出现时的再订货策略。

（1）订货提前期保持为 3 个月；

（2）订货提前期保持为 9 个月；

（3）订货提前期保持为 18 个月。

解：由题意可得

年需求量 $D=1200$（产品单位）

再订货成本 $RC=160$（元/次）

存货持有成本 $HC=2.4$（元·产品单位$^{-1}$·年$^{-1}$）

由上述已知条件，可计算得到

经济订货批量 $Q^*=\sqrt{\dfrac{2\times RC\times D}{HC}}=\sqrt{\dfrac{2\times160\times1200}{2.4}}=400$（产品单位）

经济订货周期 $T^*=\dfrac{Q^*}{D}=\dfrac{400}{1200}=\dfrac{1}{3}$（年）$=4$（月）

再订货点的确定需要比较经济订货周期 T^* 与订货提前期 LT 的大小。

（1）订货提前期保持为 3 个月时，$LT<T$，提前期内无未完成订单，则

再订货点 $ROP=LT\times D=\dfrac{3}{12}\times1200=300$（产品单位）

每当库存降为 300 个产品单位时，就需要发布一个订货批量为 400 个产品单位的订单。

（2）订货提前期保持为 9 个月时，$2\times T<LT<3\times T$，提前期内有 2 个未完成订单，$n=2$，则

再订货点 $ROP=LT\times D-n\times T=\dfrac{9}{12}\times1200-2\times400=100$（产品单位）

每当库存降为 100 个产品单位时，就需要发布一个订货批量为 400 个产品单位的订单。

（3）订货提前期保持为 18 个月时，$4\times T<LT<5\times T$，提前期内有 4 个未完成订单，$n=4$，则

再订货点 $ROP=LT\times D-n\times T=\dfrac{18}{12}\times1200-4\times400=200$（产品单位）

每当库存降为 200 个产品单位时，就需要发布一个订货批量为 400 个产品单位的订单。

5.4 数量折扣下的经济批量模型

当订货批量在不同水平时，供应商给出的单位价格不同，经济订货批量模型中

对于单位产品价格不变的假设条件便不再成立。此时，如何确定订货批量呢？

5.4.1 成本的变化

在前面的讨论中，我们假设所有的成本都是已知的、固定不变的。但在实际的商业活动中，成本往往是变化的，例如供应商常常会提供数量折扣，对数量较大的订单报以较低的价格。例如，某供应商对某产品的报价为：一次性订购数量低于 10 台时，单价为 2500 元；一次性订购数量在 10 台以上 50 台以下时，单价为 2250 元；一次性订购 50 台以上时，单价为 2000 元。

再订货成本也存在类似的变动情况。当该成本包含质量控制检验等操作环节时，其总额将随着订单批量的大小而变化。同样，运输费用也会随着运货量的不同而变化，例如订货批量达到一定的水平，正好适用于整车或者整箱运输，单位重量或者单位体积的运输费用就是最优的，但如果订货批量超过这个水平，就需要另一运输设备来装运了，此时运输费用就会翻倍。或者，当订货批量上升到一定水平后，其运输方式有可能会发生变化，如从公路运输改为铁路运输，在提高了订货提前期的同时降低了再订货成本。

5.4.2 数量折扣下的总成本

上述成本变化最常见的情况是：供应商对一定批量以上的订单会报以较低的单位价格。如式（5-13），就是一种常见的供应商提供的数量折扣，基本的单位成本是 P_1，随着批量的增加，单位成本依次下降为 P_2、P_3，整个单位成本呈阶梯式变化，见图 5-6。

$$\text{UC}=\begin{cases} P_1, & 当 Q < Q_1 时 \\ P_2, & 当 Q_1 \leqslant Q < Q_2 时 \\ P_3, & 当 Q \geqslant Q_2 时 \end{cases} \tag{5-13}$$

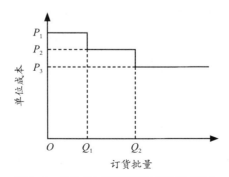

图 5-6　单位成本随订货批量呈阶梯式变化

对于最高的单位成本 P_1，可以按照确定经济订货批量的方式，画出总成本—订货批量曲线。但单位成本呈如图 5-6 所示的变化时，这条总成本曲线只在订货批量位于 O 与 Q_1 之间时才有意义，见图 5-7。在图 5-7 中，总成本曲线的实线部分适用于这个单位成本，但曲线的虚线部分不适用。如果订货批量大于 Q_1，则单位成本发生变化，该成本曲线不再适用，需另外绘制一条总成本曲线。

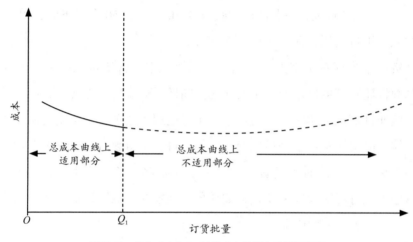

图 5-7　单位成本为 P_1 时总成本曲线上的适用部分

再来考虑次高的单位成本 P_2，可以画出第二条总成本曲线。由于 P_2 比 P_1 要低一些，因此，第二条总成本曲线始终要比第一条总成本曲线低。并且，这条曲线同样只在订单批量位于 Q_1 与 Q_2 之间时有意义，如果订货批量超出了这个范围，这条曲线就不再适用，需要另外再绘制一条曲线。这时，最低单位成本 P_3 对应的总成本曲线及其适用范围也可以绘制出来，从而可以得到如图 5-8 所示的数量折扣下各项成本与订货批量的关系，实线为适用范围，虚线为不适用范围。

5.4.3 数量折扣下经济批量的计算

任何一个单位成本，在成本曲线上都存在一个最低成本，从而可以找出这个单位成本下最低成本对应的订货批量值。通过对比不同单位成本下的最低成本，可以找到数量折扣下库存总成本的最低值，并确定经济订货批量。

计算步骤如下：

①取最低价格代入基本 EOQ 公式，按 $Q_0 = \sqrt{\dfrac{2 \times \mathrm{RC} \times D}{\mathrm{HC}}}$ 求出待选批量 Q_0。若 Q_0 可行（即 Q_0 满足价格折扣条件），取经济订货批量 $Q^* = Q_0$，将 Q^* 代入总成本公式，

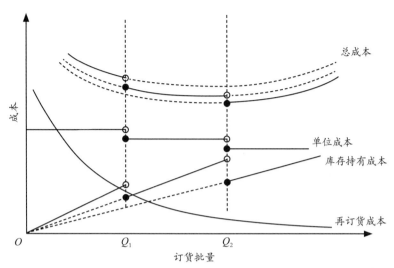

图 5-8　数量折扣下各项成本与订货批量的关系

计算得到最低总成本 TC^*，计算结束。若 Q_0 不可行，将取最低价格时的最小批量代入总成本公式，计算得到总成本 TC_1，转第②步。

②取次低价格代入基本EOQ公式，按 $Q_0 = \sqrt{\dfrac{2 \times \mathrm{RC} \times D}{\mathrm{HC}}}$ 求出待选批量 Q_0。如果 Q_0 可行，计算订货量为 Q_0 时的总成本 TC_2，与第①步得到的 TC_1 进行对比，$\mathrm{TC}^* = \min\{\mathrm{TC}_1,\ \mathrm{TC}_2\}$，经济批量 Q^* 为总成本值 TC^* 对应的批量，计算结束。

③若 Q_0 还不可行，取再高一个阶梯的价格，按 $Q_0 = \sqrt{\dfrac{2 \times \mathrm{RC} \times D}{\mathrm{HC}}}$ 求出待选批量 Q_0。如果 Q_0 可行，计算订货量为 Q_0 时的总成本 TC_3，与第①、②步得到的 TC_1、TC_2 进行对比，$\mathrm{TC}^* = \min\{\mathrm{TC}_1,\ \mathrm{TC}_2,\ \mathrm{TC}_3\}$，$Q^*$ 为总成本值 TC^* 对应的批量，计算结束。如果 Q_0 不可行，则继续上述过程取更高一个阶梯的价格进行计算，直到找到可行的 Q_0，再对比总成本得到 TC^*，并确定对应的 Q^* 值。

例 5-8　某产品的需求是每年 2000 个产品单位，每一个订单的再订货成本是 100 元，每年的存货持有成本是产品单位成本的 40%，单位成本根据订单批量变化的规律如下：

订货批量小于 500 个产品单位，单位成本为 10 元。

订货批量在 500～999 个产品单位，单位成本为 8 元。

订货批量大于等于 1000 个产品单位，单位成本为 6 元。

在这种情况下，最佳的订货批量是多少？对应的总成本是多少？

解： 根据题意，可得

年需求量 $D = 2000$（产品单位/年）

再订货成本 $RC = 100$（元/次）

$$UC = \begin{cases} 10, & \text{当 } Q < 500 \text{ 时} \\ 8, & \text{当 } 500 \leqslant Q < 1000 \text{ 时} \\ 6, & \text{当 } Q \geqslant 1000 \text{ 时} \end{cases}$$

因 $HC = UC \times 40\%$，所以

$$\text{存货持有成本} HC = \begin{cases} 4, & \text{当 } Q < 500 \text{ 时} \\ 3.2, & \text{当 } 500 \leqslant Q < 1000 \text{ 时} \\ 2.4, & \text{当 } Q \geqslant 1000 \text{ 时} \end{cases}$$

当 $UC = 6$（元/产品单位）时，$HC = 2.4$（元·产品单位$^{-1}$·年$^{-1}$），对批量的要求是 $Q \geqslant 1000$，

$$Q_0 = \sqrt{\frac{2 \times RC \times D}{HC}} = \sqrt{\frac{2 \times 100 \times 2000}{2.4}} = 408 \text{个（产品单位）}$$

不满足 $Q \geqslant 1000$ 的数量折扣条件。此时最低总成本是 $Q = 1000$ 时对应的总成本，即

$$TC_1 = UC \times D + \frac{D}{Q} \times RC + \frac{Q}{2} \times HC = 6 \times 2000 + \frac{2000}{1000} \times 100 + \frac{1000}{2} \times 2.4 = 13400 \text{（元）}$$

当 $UC = 8$（元/产品单位）时，$HC = 3.2$（元·产品单位$^{-1}$·年$^{-1}$），对批量的要求是 $500 \leqslant Q < 1000$，

$$Q_0 = \sqrt{\frac{2 \times RC \times D}{HC}} = \sqrt{\frac{2 \times 100 \times 2000}{3.2}} = 354 \text{（产品单位）}$$

不满足 $500 \leqslant Q < 1000$ 的数量折扣条件。此时最低总成本是 $Q = 500$ 时对应的总成本，即

$$TC_2 = UC \times D + \frac{D}{Q} \times RC + \frac{Q}{2} \times HC = 8 \times 2000 + \frac{2000}{500} \times 100 + \frac{500}{2} \times 3.2 = 17200 \text{（元）}$$

当 $UC = 10$（元/产品单位）时，$HC = 4$（元·产品单位$^{-1}$·年$^{-1}$），对批量的要求是 $Q < 500$，

$$Q_0 = \sqrt{\frac{2 \times RC \times D}{HC}} = \sqrt{\frac{2 \times 100 \times 2000}{4}} = 316 \text{（产品单位）}$$

满足 $Q < 500$ 的数量折扣条件。此时最低总成本是 $Q = 316$（产品单位）时对应的总成本，即

$$TC_3 = UC \times D + Q \times HC = 10 \times 2000 + 316 \times 4 = 21264 \text{（元）}$$

对比 $TC_1=13400$（元），$TC_2=17200$（元），$TC_3=21264$（元），可得 $TC^*=TC_1=13400$（元），对应的批量是 1000，即 $Q^*=1000$（产品单位）。

因此，最佳的订货批量是 1000 个产品单位，此时的总成本是 13400 元。

5.5　允许缺货且允许延期交货的经济批量模型

如果再次突破经济订货批量模型中的假设条件，允许缺货且允许延期交货，又该怎么确定订货批量呢？

5.5.1　延期交货与销售损失

前面讨论的所有批量模型都是假设不允许缺货，缺货成本为无穷大。但是在库存管理、供应链管理和市场需求预测等方面存在挑战时，发生缺货是企业运营中较为常见的现象。

当客户的需求不能通过现有的存货得到满足时，就出现了缺货。这时客户会有两种选择：第一种是等待产品的到来，在这种情况下，客户的需求实际上是通过延期交货的形式得到满足的；第二种是取消订单，到另外一家供应商处去购买，这种情况就是销售损失，经历过缺货情况的客户往往会在未来的业务中转向那些他们认为更加可靠的供应商。

这里仅讨论允许延期交货时的经济批量模型，存在销售损失时（即不允许延期交货）的经济批量模型将在 5.6 中进行讨论。

5.5.2　允许延期交货时的缺货成本

企业延期交货时的缺货成本主要包括以下几个方面。

（1）直接经济损失

常见的直接经济损失如下。

①赔偿金或罚款。如果延期交货违反了与客户签订的合同条款，企业可能需要支付合同违约金或逾期罚款。

②销售收入损失。延期交货可能导致部分客户取消订单或转向竞争对手，直接减少销售收入。

③紧急替代成本。为了满足客户需求，企业可能被迫支付更高的价格进行紧急采购或外包生产。

（2）间接成本和机会成本

常见的间接成本和机会成本如下。

①信誉损害。延期交货可能导致客户满意度下降，损害企业品牌信誉和市场地位，影响未来业务发展。

②客户流失。长期或频繁的延期交货可能导致客户流失，影响企业的市场份额和长期盈利能力。

③库存积压成本。新批次产品无法及时替换已售罄的产品而造成的延期交货可能导致原有库存占用资金时间延长，增加库存持有成本。

④机会成本。企业可能因此错过市场推广良机或新项目的启动，导致潜在利润损失。

（3）内部运营成本

常见的内部运营成本如下。

①加班和人力成本。为追赶进度，企业可能需要员工加班，这增加了人力成本和可能的补偿费用。

②增加的运输和物流成本。为了尽快交货，企业可能选择更昂贵的运输方式，导致物流成本上升。

（4）法律风险

若延期交货严重损害客户利益，企业可能面临诉讼风险，产生律师费、诉讼费等相关法律成本。

延期交货时的缺货成本构成比较复杂，这里为了简化模型，记为单位时间单位缺货量的缺货成本，并假设已知且恒定不变。其他假设条件与经济订货批量模型的假设条件相同。

5.5.3 允许缺货且允许延期交货时的经济订货批量推导

允许缺货且允许延期交货时订货批量模型的库存变化情况如图5-9所示。

在图5-9中，订货批量为Q，最大缺货量为S，订货周期

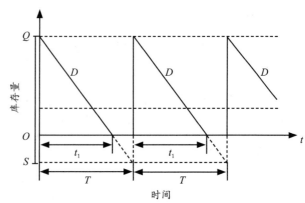

图5-9　允许缺货且允许延期交货时订货批量模型的库存变化

为 T，无缺货时段为 t_1，出现缺货的时段为 $T-t_1$，最大库存量为 $Q-S$，总成本可以写为

$$TC=UC \times D+\frac{D}{Q} \times RC+\frac{Q-S}{2} \times HC \times \frac{t_1}{T}+\frac{S}{2} \times SC \times \frac{T-t_1}{T} \qquad (5-14)$$

根据三角形相似的特征，可得 $\dfrac{t_1}{T}=\dfrac{Q-S}{Q}$，$\dfrac{T-t_1}{T}=\dfrac{S}{Q}$

因此，式（5-14）又可以写为

$$TC=UC \times D+\frac{D}{Q} \times RC+\frac{Q-S}{2} \times HC \times \frac{Q-S}{Q}+\frac{S}{2} \times SC \times \frac{S}{Q} \qquad (5-15)$$

因为 TC 关于 Q 的函数 $TC(Q)$ 比较复杂，所以我们先考虑 $TC(S)$，求 TC 关于 S 的导数，令导数为 0，可得

$$\frac{\delta(TC)}{\delta S}=-\frac{HC}{2Q}(2Q-2S)+\frac{2SC \times S}{2Q}=0$$

由此可得 $(Q-S) \times HC=SC \times S$，整理后可得 $Q \times HC=(SC+HC) \times S$。

从而可得

$$\frac{T-t_1}{T}=\frac{S}{Q}=\frac{HC}{HC+SC} \qquad (5-16)$$

$$\frac{t_1}{T}=\frac{Q-S}{Q}=1-\frac{S}{Q}=1-\frac{HC}{HC+SC}=\frac{SC}{HC+SC} \qquad (5-17)$$

将式（5-16）与式（5-17）代入式（5-14），可得

$$TC=UC \times D+\frac{D}{Q} \times RC+\frac{Q-S}{2} \times HC \times \frac{SC}{HC+SC}+\frac{S}{2} \times SC \times \frac{HC}{HC+SC} \qquad (5-18)$$

式（5-18）中，求 TC 关于 Q 的导数，令导数为 0，可得

$$\frac{\delta(TC)}{\delta Q}=-\frac{D \times RC}{Q^2}+\frac{HC \times SC}{2 \times (HC+SC)}=0 \qquad (5-19)$$

求解式（5-19），可得到

$$Q^*=\sqrt{\frac{2 \times RC \times D}{HC}} \times \sqrt{\frac{HC+SC}{SC}} \qquad (5-20)$$

再由 $\dfrac{S}{Q}=\dfrac{HC}{HC+SC}$，可得

$$S^*=\frac{HC}{HC+SC} \times Q^*=\frac{HC}{HC+SC} \times \sqrt{\frac{2 \times RC \times D}{HC}} \times \sqrt{\frac{HC+SC}{SC}}=\sqrt{\frac{2 \times RC \times D}{SC}} \times \sqrt{\frac{HC}{HC+SC}} \qquad (5-21)$$

$$T^* = \frac{Q^*}{D} = \frac{\sqrt{\dfrac{2 \times RC \times D}{HC}} \times \sqrt{\dfrac{HC+SC}{SC}}}{D} = \sqrt{\frac{2 \times RC}{HC \times D}} \times \sqrt{\frac{HC+SC}{SC}} \quad (5-22)$$

$$t_1^* = \frac{SC}{HC+SC} \times T^* = \frac{SC}{HC+SC} \times \sqrt{\frac{2 \times RC}{HC \times D}} \times \sqrt{\frac{HC+SC}{SC}} = \sqrt{\frac{2 \times RC}{HC \times D}} \times \sqrt{\frac{SC}{HC+SC}}$$
$$(5-23)$$

例 5-9　某种产品的需求为每个月 100 个产品单位，该种产品的单位成本为 500 元，再订货成本为 500 元，存货持有成本为每年单位成本的 25%，延期交付的缺货成本为每年单位成本的 40%。请你为该产品确定一个最佳的存货策略并估计缺货率。

解：根据题意，可得

年需求量 $D = 100 \times 12 = 1200$（产品单位/年）

单位成本 $UC = 500$（元/产品单位）

再订货成本 $RC = 500$（元/次）

存货持有成本 $HC = 500 \times 25\% = 125$（元·产品单位$^{-1}$·年$^{-1}$）

缺货成本 $SC = 500 \times 40\% = 200$（元·产品单位$^{-1}$·年$^{-1}$）

将上述已知条件代入式（5-20）至（5-23），可得

$$Q^* = \sqrt{\frac{2 \times RC \times D}{HC}} \times \sqrt{\frac{HC+SC}{SC}}$$
$$= \sqrt{\frac{2 \times 500 \times 1200}{125}} \times \sqrt{\frac{125+200}{200}} = 125 \text{（产品单位）}$$

$$S^* = \frac{HC}{HC+SC} \times Q^* = \frac{125}{125+200} \times 125 = 48 \text{（产品单位）}$$

$$T^* = \frac{Q^*}{D} = \frac{125}{1200} = 0.104 \text{（年）}$$

$$t_1^* = \frac{SC}{HC+SC} \times T^* = \frac{200}{125+200} \times 0.104 = 0.064 \text{（年）}$$

缺货率为 $\dfrac{T-t_1}{T} = \dfrac{0.104-0.064}{0.104} = 0.3846 = 38.64\%$

因此，经济订货批量为 125 个产品单位，最大缺货量为 48 个产品单位，缺货率为 38.64%。

5.5.4 允许缺货且允许延期交货时的经济生产批量推导

允许缺货且允许延期交货时生产批量模型的库存变化情况如图 5-10 所示。

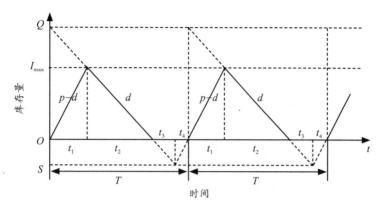

图 5-10　允许缺货且允许延期交货时生产批量模型的库存变化

在图 5-10 中，订货批量为 Q，最大缺货量为 S，订货周期为 T，无缺货时段为 t_1+t_2，出现缺货的时段为 t_3+t_4，最大库存量为

$$I_{max}=(p-d)\times(t_1+t_4)-S=(p-d)\times\frac{Q}{p}-S=(1-\frac{d}{p})Q-S$$

总成本可以写为

$$TC=UC\times D+\frac{D}{Q}\times RC+\frac{I_{max}}{2}\times HC\times\frac{t_1+t_2}{T}+\frac{S}{2}\times SC\times\frac{t_3+t_4}{T} \qquad（5-24）$$

根据三角形相似的特征，可得

$$\frac{t_1+t_2}{T}=\frac{I_{max}}{I_{max}+S}=\frac{(1-\frac{d}{p})Q-S}{(1-\frac{d}{p})Q}, \quad \frac{t_3+t_4}{T}=\frac{S}{(1-\frac{d}{p})Q}$$

故式（5-24）可写为

$$TC=UC\times D+\frac{D}{Q}\times RC+\frac{I_{max}}{2}\times HC\times\frac{t_1+t_2}{T}+\frac{S}{2}\times SC\times\frac{t_3+t_4}{T}$$

$$=UC\times D+\frac{D}{Q}\times RC+\frac{(1-\frac{d}{p})Q-S}{2}\times HC\times\frac{(1-\frac{d}{p})Q-S}{(1-\frac{d}{p})Q}+\frac{S}{2}\times SC\times\frac{S}{(1-\frac{d}{p})Q}$$

$$=UC\times D+\frac{D}{Q}\times RC+\frac{[(1-\frac{d}{p})Q-S]^2}{2(1-\frac{d}{p})Q}\times HC+\frac{S^2}{2(1-\frac{d}{p})Q}\times SC$$

$$（5-25）$$

式（5-25）中，TC关于Q的函数TC(Q)比较复杂，所以我们先考虑TC(S)，求TC关于S的导数，令导数为0，可得

$$\frac{\delta(\mathrm{TC})}{\delta S}=-\frac{\mathrm{HC}}{2(1-\frac{d}{p})Q}\left[2(1-\frac{d}{p})Q-2S\right]+\frac{2\mathrm{SC}\times S}{2(1-\frac{d}{p})Q}=0 \tag{5-26}$$

由于$(1-\frac{d}{p})\neq0$，式（5-26）可简化为

$$\frac{\delta(\mathrm{TC})}{\delta S}=-\frac{\mathrm{HC}}{Q}\left[(1-\frac{d}{p})Q-S\right]+\frac{\mathrm{SC}\times S}{Q}=0$$

由此可得$(\mathrm{SC}+\mathrm{HC})\times S=\mathrm{HC}\times(1-\frac{d}{p})Q$，从而

$$\frac{t_3+t_4}{T}=\frac{S}{(1-\frac{d}{p})Q}=\frac{\mathrm{HC}}{\mathrm{HC}+\mathrm{SC}} \tag{5-27}$$

$$\frac{t_1+t_2}{T}=1-\frac{t_3+t_4}{T}=\frac{\mathrm{SC}}{\mathrm{HC}+\mathrm{SC}} \tag{5-28}$$

将式（5-27）与（5-28）代入式（5-24），可得

$$\mathrm{TC}=\mathrm{UC}\times D+\frac{D}{Q}\times\mathrm{RC}+\frac{(1-\frac{d}{p})\times Q-S}{2}\times\mathrm{HC}\times\frac{\mathrm{SC}}{\mathrm{HC}+\mathrm{SC}}+\frac{S}{2}\times\mathrm{SC}\times\frac{\mathrm{HC}}{\mathrm{HC}+\mathrm{SC}} \tag{5-29}$$

式（5-29）中，求TC关于Q的导数，令导数为0，可得

$$\frac{\delta(\mathrm{TC})}{\delta Q}=-\frac{D\times\mathrm{RC}}{Q^2}+\frac{\mathrm{HC}\times\mathrm{SC}(1-\frac{d}{p})}{2\times(\mathrm{HC}+\mathrm{SC})}=0 \tag{5-30}$$

求解式（5-30），可得

$$Q^*=\sqrt{\frac{2\times\mathrm{RC}\times D}{\mathrm{HC}}}\times\sqrt{\frac{\mathrm{HC}+\mathrm{SC}}{\mathrm{SC}}}\Big/\sqrt{(1-\frac{d}{p})}$$

再由$\dfrac{S}{(1-\frac{d}{p})Q}=\dfrac{\mathrm{HC}}{\mathrm{HC}+\mathrm{SC}}$，可得

$$S^*=\frac{\mathrm{HC}}{\mathrm{HC}+\mathrm{SC}}\times(1-\frac{d}{p})Q^*$$

$$=\frac{\mathrm{HC}}{\mathrm{HC}+\mathrm{SC}}\times(1-\frac{d}{p})\sqrt{\frac{2\times\mathrm{RC}\times D}{\mathrm{HC}}}\times\sqrt{\frac{\mathrm{HC}+\mathrm{SC}}{\mathrm{SC}}}\Big/\sqrt{(1-\frac{d}{p})}$$

$$=\sqrt{\frac{2\times\mathrm{RC}\times D}{\mathrm{SC}}}\times\sqrt{\frac{\mathrm{HC}}{\mathrm{HC}+\mathrm{SC}}}\times\sqrt{(1-\frac{d}{p})}$$

5.6 允许缺货但不允许延期交货的经济批量模型

如果上面相应的假设条件修改为"允许缺货但不允许延期交货"，又该如何确定订货批量？

5.6.1 销售损失与缺货成本

销售损失是指由库存短缺导致企业无法销售预期数量的产品，从而直接损失的销售收入。例如，一个商店由于缺货而错过了某个热销商品的销售旺季，这部分本来可能实现的销售额就是销售损失。销售损失还包括失去的重复购买和推荐购买带来的潜在收入，以及客户可能转向竞争对手而造成的市场份额下降。

在允许缺货但不允许延期交货时，缺货损失除了销售损失外，还包括客户满意度和忠诚度下降、企业商誉受损等损失。为了简化模型，记为单位时间单位缺货量的销售损失，并假设已知且恒定不变。其他假设条件与经济订货批量模型的假设条件相同。

5.6.2 允许缺货但不允许延期交货时的经济批量推导

允许缺货但不允许延期交货时订货批量模型的库存变化情况如图 5-11 所示。

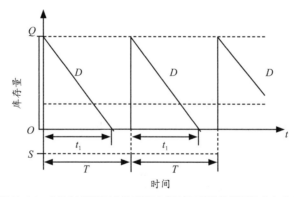

图 5-11　允许缺货但不允许延期交货时订货批量模型的库存变化

在图 5-11 中，订货批量为 Q，订货周期为 T，最大库存量为 Q，最大缺货量为 $S = D \times T - Q$，无缺货时段为 t_1，出现缺货的时段为 $T - t_1$，$\dfrac{t_1}{T} = \dfrac{Q}{D \times T}$，$t_1 = \dfrac{Q}{D}$，$\dfrac{T - t_1}{T} = \dfrac{D \times T - Q}{D \times T}$。

因为要考虑销售损失，此模型不再适合用总成本去衡量经济批量，而应该改为

总利润。记SP为销售价格，DC为单位产品失销带来的损失，单个周期中的净收入可写为

$$SP \times Q - [UC \times Q + RC + HC \times \frac{Q}{2} \times \frac{Q}{D \times T} + DC \times (D \times T - Q)]$$

单位时间中的周期数为$\frac{1}{T}$个，因此，单位时间内的净收入R可写为

$$R = \frac{1}{T} \times \{SP \times Q - [UC \times Q + RC + HC \times \frac{Q}{2} \times \frac{Q}{D \times T} + DC \times (D \times T - Q)]\}$$

$$= \frac{1}{T} \times [(SP - UC + DC) \times Q - RC - \frac{HC \times Q^2}{2 \times D \times T} - DC \times D \times T] \qquad (5\text{-}31)$$

将缺货损失$LC = (SP - UC + DC)$记为①，需求满足比例$Z = \frac{t_1}{T} = \frac{Q}{D \times T}$记为②。

将①与②代入式（5-31），可得

$$R = \frac{1}{T} \times [(SP - UC + DC) \times Q - RC - \frac{HC \times Q^2}{2 \times D \times T} - DC \times D \times T]$$

$$= Z \times LC \times D - \frac{Z \times D \times RC}{Q} - \frac{Z \times HC \times Q}{2} - DC \times D$$

求R关于Q的导数，令导数为0，可得

$$\frac{\delta R}{\delta Q} = \frac{Z \times HC}{2} + \frac{Z \times D \times RC}{Q^2} = 0$$

因此，

$$Q^* = \sqrt{\frac{2 \times Z \times D \times RC}{Z \times HC}} = \sqrt{\frac{2 \times D \times RC}{HC}}$$

这是一个标准的经济订货批量公式。

这样就结束了吗？当然没有。如同数量折扣下的经济批量需要对总成本进行比较，此处还需对利润进行讨论。

将Q^*代入R，可得

$$R^* = Z \times LC \times D - \frac{Z \times D \times RC}{\sqrt{\frac{2 \times D \times RC}{HC}}} - \frac{Z \times HC \times \sqrt{\frac{2 \times D \times RC}{HC}}}{2} - DC \times D$$

$$= Z \times LC \times D - \frac{Z \times \sqrt{2 \times D \times RC \times HC}}{2} - \frac{Z \times \sqrt{2 \times D \times RC \times HC}}{2} - DC \times D$$

$$= Z \times LC \times D - Z \times \sqrt{2 \times D \times RC \times HC} - DC \times D$$

此处要注意$Z \times (LC \times D - \sqrt{2 \times D \times RC \times HC})$的大小。

如果 $LC \times D - \sqrt{2 \times D \times RC \times HC}$ 为正，Z 值越大越好，当 $Z=1$ 时，无缺货，利润实现最大化。

如果 $LC \times D - \sqrt{2 \times D \times RC \times HC}$ 为负，Z 值越小越好，当 $Z=0$ 时，无存货，利润实现最大化（此时利润为负）。

如果 $LC \times D - \sqrt{2 \times D \times RC \times HC}$ 为 0，Z 值可取任意值，利润不变。

课后思考题

1. 库存控制模型中应考虑哪些成本？

2. EOQ 模型的假设条件有哪些？

3. 请给出 EOQ 公式的推导过程。

4. 经济订货批量与经济生产批量有何区别？

5. 某产品的需求是每周 16 件，产品单位是 5000 元，订货费用与运输费用是每批次 1000 元，订货至交货的周期（订货提前期）为 4 周，存货持有成本每年为产品总值的 16%。基于这些条件，请给出订货策略。

6. 某产品的需求为每周 40 个产品单位，并且通过计算得出经济订货批量为 100 个产品单位。如果订货至交货的周期为 4 周，再订货水平应该设为多少？如果加入一定的安全系数，把再订货水平再提高 10 个产品单位的话，将会产生什么样的影响？如果订货至交货的周期降到 2 周或上升到 6 周，又分别会出现什么样的变化？

7. 订货提前期较短的好处是什么？如何缩短订货提前期？

8. 供应商为公司提供的某款葡萄酒的价格如表 5-1 所示。

表 5-1　某款葡萄酒的价格

订单批量	单位成本／元
0～99	20.0
100～399	19.4
400～999	18.8
1000 以上	18.0

这种葡萄酒的需求量是相对稳定的，为每年 2000 瓶。此外，产品的运输成本为 40 元／批次，订单处理成本为 40 元／批次。存货持有成本为每年存货价值的 40%。你将为这家公司建议什么样的订购批量？如果通过电子商务采购方式能使订单处理成本降为 0 元／批次，这将对订货批量产生什么影响？

9.某种产品的需求量为每个月 500 个产品单位，生产速度为 1000 个产品单位/月。这种产品的单位成本为 10 元，批量开工成本为 2000 元，存货持有成本为每个产品单位每个月 1 元。最佳的生产批量是多少？相应的成本是多少？如果生产速度发生变化，成本将发生什么样的变化？

10.公司对某一部件的需求为每年 2500 个产品单位。该公司自行生产，每次的开工成本为 500 元，每个产品单位可变成本为 30 元。存货持有成本为每年存货价值的 20%，并且产品的生产速度为每年 10000 个产品单位。从接到生产命令到产品正式下线的周期为 2 个月。假如不出现缺货，最佳生产成本和再订货水平各是多少？所产生的成本是多少？

本章课件

第 6 章
未知需求的库存控制模型

本章主要讨论需求未知时库存控制模型的假设条件与推导过程，并给出了安全库存的计算方法与不连续需求的订货模型，这些模型是数智化库存控制的基础。

6.1 库存控制的不确定因素

在库存管理领域，不确定因素是指那些可能影响库存水平及其管理的不可预见或难以完全掌控的因素，这些不确定因素会直接影响企业的库存策略和运营效果。库存控制的不确定性既受到企业内部因素的影响，也受到来自外部环境和供应链上下游合作伙伴的诸多不确定因素的挑战。

6.1.1 内部因素

从内部原因来看，库存控制的不确定因素主要有以下几个方面。

①需求预测误差。企业内部对未来产品或服务需求量的预测可能出现偏差，这是由内部数据收集不准确、需求分析模型不完善、市场研究不足等因素导致的。

②生产计划变动。生产计划的更改或执行不畅可能导致实际产量与预期不符，进而影响库存水平。

③库存管理效率。库存记录和追踪系统的缺陷，库存盘点不准确，以及内部作业流程混乱，都可能导致库存信息失真，增加库存控制的不确定性。

④产品质量问题。生产过程中可能出现质量问题，导致部分库存无法正常出售，需要额外库存作为替代或修复。

⑤成本与供应链问题。成本变化的幅度和时间是无法准确预知的。采购部门与供应商沟通不畅，或者供应商交货不及时、不准确，都会影响库存水平和需求满足程度。

6.1.2 外部因素

从外部原因来看，库存控制的不确定因素主要有以下几个方面。

①市场需求波动。市场需求受消费者喜好变化、竞争态势、经济环境、季节性需求等多种因素影响，这些往往是企业难以完全掌控的。

②供应商可靠性。产能、原材料供应、运输条件等因素可能导致供应商交货延迟或中断，这将直接影响到企业的订货提前期从而影响企业的库存水平。

③政策法规变动。政府的贸易政策、环保法规、税收政策等变化可能影响供应链的稳定性和成本，从而影响库存管理决策。

④自然灾害或人为事故。自然灾害（如地震、洪水）或人为事故（如工厂火灾、工人罢工）等不可预见事件可能导致供应链中断，影响库存控制。

⑤汇率与国际贸易环境。对于跨国企业，汇率波动、关税调整、国际政治关系紧张等因素都会影响进口成本和供应链稳定性。

尽管库存控制中的不确定性因素有很多，但对于库存控制模型而言，其主要问题在于订货提前期中需求的不确定性。因为在订货提前期之外的时间中，企业可以根据实际情况调整订单的批量和发布订单的时间，所以需求的变化不会产生大的影响。但是如果订单已经发布，进入了订货提前期，就很难再做出调整。也就是说，在订单下达之前，如果实际需求超出了预计的情况，企业可以设定一个更高的再订货点，以避免提前期内出现缺货；在订单下达之后，如果实际需求超出了预计的情况，企业就无法及时调整，从而会出现缺货。所以，对于库存管理来说，需求的不确定性和订货提前期的不确定性的影响是至关重要的。

6.2 未知需求库存控制模型的假设条件与一般推导过程

下面将给出未知需求库存控制模型的假设条件与一般推导过程。

6.2.1 假设条件

本章对于未知需求的库存控制模型的讨论，基于以下假设条件：

①需求率d和提前期LT中，至少有一个为已知分布的随机变量，且在不同的订货周期，这种分布不变。

②补充率无限大，全部订货一次同时交付。

③允许晚交货，即供应过程中允许缺货，但一旦到货，所欠物品必须补上。

④年平均需求量为D。

⑤已知每次再订货成本为RC，单位时间单位货物的库存持有成本为HC，单位时间单位缺货损失费为SC。

⑥价格为常量，无数量折扣。

6.2.2 一般推导过程

未知需求下的库存变化如图6-1所示。

由于没有价格折扣，UC$\times D$为常量，不影响总成本，可不考虑，总成本可写为

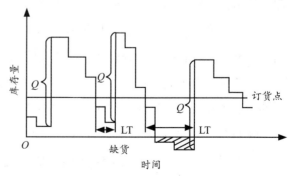

图6-1 未知需求下的库存变化

$$TC = \frac{D}{Q} \times RC + E_L \times HC + SC \times E_s(ROP) \times \frac{D}{Q}$$

式中，E_L 为各周期库存量的期望值；$E_s(ROP)$ 是再订货点为 ROP 时各周期缺货量的期望值；其余符号意义与第 5 章相同。

由于库存量降到再订货点就发出订货，缺货只是在提前期内发生。因此，

$$E_s(ROP) = \sum_{y > ROP} (y - ROP) p(y)$$

式中，y 为提前期内的需求量；$p(y)$ 为提前期内需求的分布规律。

$$E_L = (Q/2) + ROP - D_E$$

式中，D_E 为提前期内需求的期望值。

由上可得

$$TC = RC \times (D/Q) + HC \times \left[(Q/2) + ROP - D_E \right] + SC \times (D/Q) \times \left[\sum_{y > ROP} (y - ROP) p(y) \right]$$

想求得最佳的订货批量 Q^* 和最佳再订货点 ROP^*，可通过求 TC 对 Q 和 ROP 的一阶偏导数，并令其等于 0。

通过对 TC 求 ROP 的一阶偏导数，可得

$$HC - SC \times (D/Q) \times \left[\sum_{y > ROP} p(y) \right] = 0$$

因此，$\displaystyle\sum_{y > ROP} p(y) = P(D_L > ROP^*) = 1 - P(D_L \leqslant ROP^*) = \frac{HC \times Q}{SC \times D}$

通过 TC 求 Q 的一阶偏导数，可得

$$-\frac{RC \times D}{Q^2} + \frac{HC}{2} - \frac{SC \times D \times \left[\displaystyle\sum_{y > ROP} (y - ROP) p(y) \right]}{Q^2} = 0$$

化简后可得 $\dfrac{HC \times Q^2}{2} = RC \times D + SC \times D \times E_s(ROP)$

因此，$Q^* = \sqrt{\dfrac{2D \left[S + SC \times E_s(ROP) \right]}{H}}$

由此可得到非线性方程组

$$\begin{cases} P(D_L \leqslant ROP^*) = 1 - \dfrac{HC \times Q}{SC \times D} \\ Q^* = \sqrt{\dfrac{2D \left[S + SC \times E_s(ROP) \right]}{H}} \end{cases}$$

由此可见，要得到最优订货策略，需对上面的非线性方程组进行求解。在实践

过程中，解这种非线性方程组比较困难，通常不会采用这种方法，而是采用先计算经济订货批量再计算安全库存的方法去确定订货策略，即先利用经济订货批量模型去计算订货批量，再给出合理的安全库存，利用"ROP=LT×D+安全库存"去计算再订货点，通过设定安全库存来避免出现缺货与缺货成本，从而在计算订货批量与再订货点时不再直接考虑缺货成本，如图 6-2 所示。

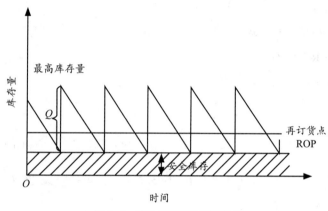

图 6-2 安全库存下的再订货点

6.3 安全库存的计算

前文讲到了安全库存，那么什么是安全库存？如何确定安全库存？

6.3.1 安全库存的定义

安全库存（safety stock，SS）是指企业在正常库存水平之上额外保留的一部分库存，用来应对需求波动、供应不确定性、提前期变化以及其他潜在干扰因素，以防止缺货情况的发生。设置安全库存的主要目的是保护企业免受由意外事件导致的缺货风险，确保供应链的连续性和客户服务的满意度。在库存管理中，安全库存量的计算通常会考虑以下几个关键因素：

①需求的不确定性，包括需求量的波动性、季节性变化、促销活动等因素导致的需求预测误差。

②供应的不确定性，包括供应商交货时间的不稳定、供应中断、质量问题等可能导致的供应端的不确定性。

③服务水平目标，指企业设定的客户需求满足率，即在一定周期内客户订单能够得到满足的概率。通过计算标准差和置信区间来衡量需求和供应的不确定性，并

结合企业的服务水平目标，可以计算出在一定概率下能够防止缺货的安全库存量。

安全库存并非越大越好，因为它会增加库存持有成本，掩盖企业内部管理中的很多问题，因此企业需要在防止缺货和降低库存成本之间寻求最佳平衡，合理估算提前期内需求的最大值，如图6-3所示。

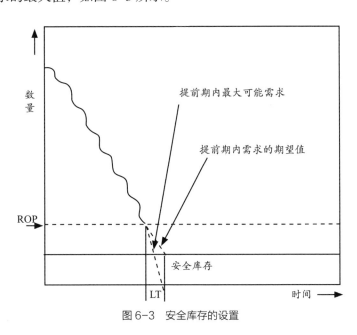

图6-3　安全库存的设置

6.3.2 提前期固定、需求不确定时的安全库存与再订货点

如果对某种产品的需求，是由来自不同客户的大量的小批量需求所组成的，我们可以合理地认为这个需求集合具有持续性和正态分布的特点。而且如果订货提前期是固定的，则订货提前期的需求也呈正态分布。

如果我们把再订货水平定义为与订货提前期内的平均需求相等，即

$$ROP = LT \times D$$

那么会有50%的概率出现库存积压，50%的概率出现缺货，如图6-4所示。

为了使订货周期中的服务水平保持在50%以上，我们就需要引入安全库存。

如果对某种产品的需求呈正态分布，且单位时间内的平均需求量为u_D，标准差为σ_D，订货提前期为常量LT，那么：

① 1个单位时间中，需求的平均值为u_D，方差为$\sigma_D{}^2$，标准差为σ_D；

② 2个单位时间中，需求的平均值为$2u_D$，方差为$2\sigma_D{}^2$，标准差为$\sqrt{2}\,\sigma_D$；

③ 3个单位时间中，需求的平均值为$3u_D$，方差为$3\sigma_D{}^2$，标准差为$\sqrt{3}\,\sigma_D$；

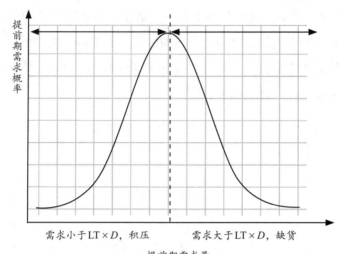

图 6-4　订货提前期内的需求

④LT 个单位时间中，需求的平均值为 $LT \times u_D$，方差为 $LT \times \sigma_D^2$，标准差为 $\sqrt{LT} \times \sigma_D$。

根据正态分布的特点，可得

$$安全库存 SS = Z \times 提前期需求标准差 = Z \times \sigma_D \times \sqrt{LT}$$

在上面的等式中，Z 称为安全系数，当

$$再订货点 ROP = 提前期平均需求量 + Z \times 提前期需求标准差 = LT \times u_D + SS$$

时，可实现特定的服务水平。服务水平与 Z 值的对应关系如表 6-1 所示。Z 值与安全库存、ROP 的关系见图 6-5。

表 6-1　需求呈正态分布时的 Z 值、提前期缺货率与服务水平

Z	提前期缺货率 /%	服务水平 /%	Z	提前期缺货率 /%	服务水平 /%
0.00	50.0	50.0	1.64	5.0	95.0
0.84	20.0	80.0	1.88	3.0	97.0
1.00	15.9	84.1	2.00	2.3	97.7
1.04	15.0	85.0	2.33	1.0	99.0
1.28	10.0	90.0	2.58	0.5	99.5
1.48	7.0	93.0	3.00	0.1	99.9

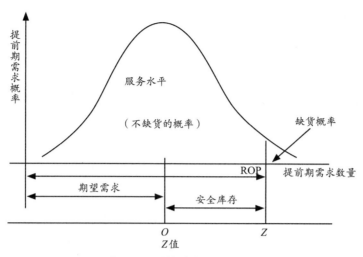

图 6-5　Z 值与安全库存、ROP

例 6-1　某零售商声称对于所经营的产品保证 95％的服务水平。该零售商的存货是由供应商供给的，订货提前期固定不变，为 4 周。如果市场对某一产品的需求是呈正态分布的，平均需求量为每周 100 个产品单位，标准差为 10 个产品单位，那么这个零售商应该如何设定再订货水平？如果服务水平上调至 98％，再订货水平将如何变化？

解：根据题中的已知条件，平均需求量 =100（产品单位/周），周需求的标准差 σ_D=10（产品单位），订货提前期 LT=4（周），再订货水平可通过下式进行求解：

$$ROP＝提前期平均需求量＋安全库存＝LT \times u_D+SS$$

当服务水平为 95％时，从表 6-1 可知，对应的 Z=1.64，则

$$SS＝Z \times \sigma_D \times \sqrt{LT}＝1.64 \times 10 \times \sqrt{4} \approx 33（产品单位）$$

由此可得再订货水平为

$$ROP＝LT \times u_D+SS＝4 \times 100+33＝433（产品单位）$$

如果服务水平上调至 98％，从表 6-1 可知，对应的 Z=2.05，则

$$SS＝Z \times \sigma_D \times \sqrt{LT}＝2.05 \times 10 \times \sqrt{4}＝41（产品单位）$$

由此可得再订货水平为

$$ROP＝LT \times u_D+SS＝4 \times 100+41＝441（产品单位）$$

例 6-2　某公司发现对某种产品的需求呈正态分布，需求的平均值为每年 2000 个产品单位，标准方差为 400 个产品单位，产品的单位成本为 100 元，再订货成本为 200 元，存货持有成本为存货价值的 20％，订货提前期为 3 周，请制定出在

服务水平为95%的情况下的再订货策略，并计算出安全库存持有成本。

解： 根据题中的已知条件，

平均需求量 $u_D = 2000$（产品单位/年）

年需求标准差 $\sigma_D = 400$（产品单位）

订货提前期 $LT = 3$（周）$= \dfrac{3}{52}$（年）

单位成本 $UC = 100$（元/产品单位）

再订货成本 $RC = 200$（元/订单）

单位存货持有成本 $HC = 100 \times 20\% = 20$（元·产品单位$^{-1}$·年$^{-1}$）

代入数据，可得

再订货批量 $Q^* = \sqrt{\dfrac{2 \times RC \times u_D}{HC}} = \sqrt{\dfrac{2 \times 200 \times 2000}{20}} = 200$（产品单位）

对应于95%的服务水平，安全系数 $Z = 1.64$

安全库存 $SS = Z \times \sigma_D \times \sqrt{LT} = 1.64 \times 400 \times \sqrt{\dfrac{3}{52}} = 158$（产品单位）

再订货点 $ROP = LT \times u_D + SS = \dfrac{3}{52} \times 2000 + 158 = 273$（产品单位）

因此，再订货策略是每当库存降到273个产品单位时，订购200个产品单位。平均来看，当订货到达时，存货应剩余158个产品单位，得出

安全库存持有成本 = 安全库存 × 单位存货持有成本 = $158 \times 20 = 3160$（元/年）

6.3.3 需求固定、提前期不确定时的安全库存与再订货点

前面讨论的是需求呈正态变化、提前期固定情况下的安全库存与再订货点，当需求不变、提前期呈正态变化时，如果按 $LT \times D$ 去确定再订货点，会出现以下三种情况：

①当实际订货提前期与预计订货提前期相等时，可以实现理想化的情况；

②当实际订货提前期小于预计订货提前期时，订货会提前到达，出现库存积压；

③当实际订货提前期大于预计订货提前期时，订货会延迟到达，在订货到达之前会出现库存短缺。为了避免出现库存短缺的情况，可以加入一些安全库存。那么，该怎么确定安全库存呢？

如果对某种产品单位时间内的需求量固定为 D，订货提前期 LT 呈正态分布，平

均订货提前期为u_{LT}，提前期的标准差为σ_{LT}，那么：

① 1 个单位时间中，需求固定为D；

② 2 个单位时间中，需求固定为$2D$；

③ LT 个单位时间中，因为 LT 为随机变量且服从正态分布$N(u_{LT}, \sigma_{LT}^2)$，LT 时间中的需求随 LT 的变化而变化，平均需求为$u_{LT} \times D$，方差为$(D \times \sigma_{LT})^2$，标准差为$D \times \sigma_{LT}$。根据正态分布的特点，可得

$$安全库存SS = Z \times 提前期需求标准差 = Z \times D \times \sigma_{LT}$$

与提前期固定、需求正态变化时相同，Z为安全系数。当

$$再订货点ROP = 提前期需求平均值 + Z \times 提前期需求标准差 = u_{LT} \times D + SS$$

时，可实现特定的服务水平。

例 6-3 　某种产品的订货提前期呈正态分布，其平均值为 8 周，标准差为 2 周，如果需求量是每周 100 个产品单位，请问如何设定再订货点才能够保证 95% 的客户服务水平？

解： 根据题中的已知条件，

需求量$D = 100$（产品单位/周）

订货提前期的平均值$u_{LT} = 8$（周）

订货提前期的标准差$\sigma_{LT} = 2$（周）

对应于 95% 的服务水平，安全系数$Z = 1.64$

代入数据，可得

安全库存$SS = Z \times D \times \sigma_{LT} = 1.64 \times 100 \times 2 = 328$（产品单位）

再订货点$ROP = u_{LT} \times D + SS = 88 \times 100 + 328 = 1128$（产品单位）

因此，当再订货点为 1128 个产品单位时，可以保证 95% 的客户服务水平。

6.3.4 提前期与需求均不确定时的安全库存与再订货点

前面已经研究了订货提前期确定、需求不确定时，以及需求确定、订货提前期不确定时的安全库存与再订货点。接下来，我们讨论订货提前期与需求都不确定时如何确定安全库存与再订货点。

如果订货提前期与需求都呈正态分布，单位时间内的平均需求量为u_D，标准差为σ_D，订货提前期 LT 呈正态分布，平均订货提前期为u_{LT}，提前期的标准差为σ_{LT}，则提前期内需求的平均值为$u_{LT} \times u_D$，标准差为$\sigma_{LT,D} = \sqrt{u_{LT} \times \sigma_D^2 + (u_D \times \sigma_{LT})^2}$，则

$$安全库存SS = Z \times \sigma_{LT,D} = Z \times \sqrt{u_{LT} \times \sigma_D{}^2 + (u_D \times \sigma_{LT})^2}$$

$$再订货点ROP = u_D \times u_{LT} + SS = u_D \times u_{LT} + Z \times \sqrt{u_{LT} \times \sigma_D{}^2 + (u_D \times \sigma_{LT})^2}$$

例6-4 某种产品的需求服从正态分布，需求的平均值为每个月 400 个产品单位，其标准差为每个月 30 个产品单位，此外该产品的订货提前期同样也服从正态分布，平均值为 2 个月，其标准差为 0.5 个月，再订货成本为 400 元，并且存货持有成本为每个月每个单位产品 10 元。要保证 95% 的服务水平需要设定什么样的订货策略？

解： 根据题中的已知条件，

平均需求量 $u_D = 400$（产品单位/月）

月需求标准差 $\sigma_D = 30$（产品单位）

平均订货提前期 $u_{LT} = 2$（月）

订货提前期标准差 $\sigma_{LT} = 0.5$（月）

再订货成本 RC $= 400$（元/订单）

单位存货持有成本 HC $= 10$（元/产品单位·月$^{-1}$）

根据已知条件，订货提前期中的平均需求为

$$u_{LT} \times u_D = 2 \times 400 = 800（产品单位）$$

并且，其标准差为

$$\sigma_{LT,D} = \sqrt{u_{LT} \times \sigma_D{}^2 + (u_D \times \sigma_{LT})^2} = \sqrt{2 \times 30^2 + (400 \times 0.5)^2} = 204.45（产品单位）$$

对应于 95% 的服务水平，安全系数 $Z = 1.64$

安全库存 SS $= Z \times \sigma_{LT,D} = 1.64 \times 204.45 = 335$（产品单位）

再订货点 ROP $= u_D \times u_{LT} + SS = 400 \times 2 + 335 = 1135$（产品单位）

订货批量 $Q^* = \sqrt{\dfrac{2 \times RC \times u_D}{HC}} = \sqrt{\dfrac{2 \times 400 \times 400}{10}} = 179$（产品单位）

因此，要想保证 95% 的服务水平，应设定安全库存 335 个产品单位，当库存量下降为 1135 个产品单位时，应订购 179 个产品单位。

6.4 不连续需求的订货模型

如果需求是不连续的，应如何确定订货量？

6.4.1 不连续需求

前面讨论的都是需求连续、对货物需要进行重复订购时的订货模型，讨论的是"再订货策略"。然而，在一些情况下，我们需要为期较短的阶段性模型，甚至单一订货周期基础上的模型，为不连续需求的"一次性订货策略"。这里讨论的不连续需求的订货模型，适用于两类货物的库存控制：一类是偶尔发生需求的某种物品，典型的有零售商店订购的试销和时尚品；另一类是经常发生的不定量需求的某种市场寿命周期非常短暂的货物，如鲜花等高度易腐的物品和报纸期刊等易过时的货物。

6.4.2 报童模型

下面以报童模型为例，对不连续需求的订货模型进行说明。

报童问题：市场每天对报纸的需求量 D 是一个随机变量，需求量 D 的概率分布 $P(D)$ 为已知，每卖一份报纸赚 k 元，如报纸未能卖出，每份赔 h 元。报童每天最好准备多少份报纸？

假设报童的订货量为 Q。订货量 Q 往往与实际需求量 D 之间存在以下差距：

①当订货量 Q 小于实际需求量 D 时，发生缺货损失，每缺货一份报纸损失 k 元，总损失值为 $k \times (D-Q)$；

②当订货量 Q 大于实际需求量 D 时，发生积压损失，每积压一份报纸损失 h 元，总损失值为 $h \times (Q-D)$。

当 Q 取最优值时，总损失最小。市场需求量 D、概率 $P(D)$ 与总损失值如表6-2所示。

表6-2　市场需求量 D、概率 $P(D)$ 与总损失值

市场需求量 D	概率 $P(D)$	总损失值
0	$P(0)$	$h \times (Q-0)$
1	$P(1)$	$\displaystyle\sum_{D=Q^*+1}^{\infty} k \times P(D) \leqslant h \times P(Q^*)$
2	$P(2)$	$h \times (Q-2)$
⋮	⋮	⋮
$Q-1$	$P(Q-1)$	$h \times [Q-(Q-1)]$
Q	$P(Q)$	0
$Q+1$	$P(Q+1)$	$k \times [(Q+1)-Q]$
⋮	⋮	⋮
∞	$P(\infty)$	$k \times (\infty - Q)$

对于报童来说，采购数量为Q的报纸的总体损失的期望值$EL(Q)$是上述损失与相应概率的乘积的和。

$$EL(Q)=损失+相应概率的乘积$$
$$=\sum(D\leqslant Q时的预期损失)+\sum(D>Q时的预期损失)$$
$$=\sum_{D=1}^{Q}h\times(Q-D)P(D)+\sum_{D=Q+1}^{\infty}k\times(D-Q)P(D)$$

当$Q=Q^*$时，$EL(Q^*)=\min\{EL(Q)\}$，即

$$EL(Q^*)\leqslant EL(Q^*+1),且\ EL(Q^*)\leqslant EL(Q^*-1)$$

对于$EL(Q^*)\leqslant EL(Q^*+1)$，可得

$$\sum_{D=0}^{Q^*}h\times(Q^*-D)P(D)+\sum_{D=Q^*+1}^{\infty}k\times(D-Q^*)P(D)$$

$$\leqslant\sum_{D=0}^{Q^*+1}h\times(Q^*+1-D)P(D)+\sum_{D=Q^*+2}^{\infty}k\times(D-Q^*-1)P(D)$$

$$=h\times\left\{\sum_{D=0}^{Q^*}(Q^*+1-D)P(D)+\left[Q^*+1-(Q^*+1)\right]P(D)\right\}$$

$$+k\times\left\{\sum_{D=Q^*+1}^{\infty}(D-Q^*-1)P(D)-(Q^*+1-Q^*-1)P(D)\right\}$$

$$=h\times\sum_{D=0}^{Q^*}(Q^*+1-D)P(D)+k\times\sum_{D=Q^*+1}^{\infty}(D-Q^*-1)P(D)$$

$$=h\times\sum_{D=0}^{Q^*}(Q^*-D)P(D)+h\times\sum_{D=0}^{Q^*}P(D)+k\times\sum_{D=Q^*+1}^{\infty}(D-Q^*)P(D)-k\sum_{D=Q^*+1}^{\infty}P(D)$$

$$=\left\{\sum_{D=0}^{Q^*}h\times(Q^*-D)P(D)+\sum_{D=Q^*+1}^{\infty}k\times(D-Q^*)P(D)\right\}+h\times\sum_{D=0}^{Q^*}P(D)-k\sum_{D=Q^*+1}^{\infty}P(D)$$

去掉不等式两边相等的量，可得

$$0\leqslant h\times\sum_{D=0}^{Q^*}P(D)-k\sum_{D=Q^*+1}^{\infty}P(D)=h\times\sum_{D=0}^{Q^*}P(D)-k\left[1-\sum_{D=0}^{Q^*}P(D)\right]$$

$$0\leqslant(h+k)\times\sum_{D=0}^{Q^*}P(D)-k$$

$$\sum_{D=0}^{Q^*}P(D)\geqslant\frac{k}{k+h} \tag{6-1}$$

同理，对于$EL(Q^*)\leqslant EL(Q^*-1)$，可得

$$\sum_{D=0}^{Q^*-1}P(D)\leqslant\frac{k}{k+h} \tag{6-2}$$

由式（6-1）与式（6-2）可得 $\sum\limits_{D=0}^{Q^*-1}P(D)\leqslant\dfrac{k}{k+h}\leqslant\sum\limits_{D=0}^{Q^*}P(D)$。

因此，可通过临界值 $\dfrac{k}{k+h}$ 判断最优订货量 Q^*。

例 6-5　近年来对于某种季节性产品的需求呈现如表 6-3 所示的特点。

表 6-3　某种季节性产品的需求特点

产品单位 D	1	2	3	4	5	6	7	8
$P(D)$	0.05	0.10	0.15	0.20	0.20	0.15	0.10	0.05

每采购一个产品单位的费用是 80 元，销售价格为 120 元。如果未能销售，该产品的残值为 0。基于这些条件，你会在这个季节采购多少单位该种产品？预期的收益为多少？如果该种产品的残值为 20 元，你的决定会改变吗？

解： 因为每采购一个产品单位的费用是 80 元，销售价格为 120 元，所以，如果产生缺货，缺货损失 $k=40$（元）。由于残值为 0，如果产生积压将不能回收采购的费用，积压损失 $h=40$（元），因此临界值 $\dfrac{k}{k+h}=\dfrac{40}{40+80}=\dfrac{1}{3}$。

表 6-4 为需求量 D、$P(D)$、订货量 Q 与 $\sum\limits_{D=0}^{Q}P(D)$ 的关系。

表 6-4　需求量 D、$P(D)$、订货量 Q 与 $\sum\limits_{D=0}^{Q}P(D)$

需求量 D	1	2	3	4	5	6	7	8
$P(D)$	0.05	0.10	0.15	0.20	0.20	0.15	0.10	0.05
订货量 Q	1	2	3	4	5	6	7	8
$\sum\limits_{D=0}^{Q}P(D)$	0.05	0.15	0.30	0.50	0.70	0.85	0.95	1

由表 6-4 可得，$\sum\limits_{D=0}^{3}P(D)<\dfrac{1}{3}<\sum\limits_{D=0}^{4}P(D)$。

因此，最优订货量 $Q^*=4$（产品单位）。

当产品残值为 20 元时，积压损失 $h=60$（元）。所以，临界值 $\dfrac{k}{k+h}=\dfrac{40}{40+60}=0.4$，

$\sum\limits_{D=0}^{3}P(D)<\dfrac{1}{3}<\sum\limits_{D=0}^{4}P(D)$

此时，最优订货量 Q^* 并无变化，还是 4 个产品单位。

课后思考题

1.库存控制的不确定因素有哪些?

2.什么是安全库存?为什么要设置安全库存?

3.安全库存量的确定一般要考虑哪些因素?

4.对某种产品的需求呈正态分布,每个月需求的平均值为40个产品单位,标准差为4个产品单位,订货提前期固定,为1个月。缺货成本为200元,再订货成本为40元,存货持有成本为每单位产品每个月4元。请计算最佳订货批量与再订货水平。

5.对某种产品的需求呈正态分布,每周需求的平均值为400个产品单位,标准差为60个产品单位。订货和运输成本为300元,存货持有成本为每单位成本每年12元,订货提前期为3周。请你策划一个能保证服务水平为95%的订货策略,并计算出这种情况下安全库存的持有成本是多少。如果把服务水平提高到98%,成本将会上升多少?

6.对某种产品的需求呈正态分布,每周需求的平均值为100个产品单位,标准差为10个产品单位,订货提前期为1周,当前所采用的再订货水平为115个产品单位。在这种情况下,出现缺货的概率是多少?

7.在某个时间段内对某种产品的需求量为100～199个产品单位的概率均等的任意数值。每个产品单位的成本为75元,售价为100元。在这个时间段结束后,将所有未售出的存货销售给回收商,每个产品单位的价格为25元。根据上述条件,你会选择在这个时间段内购进多少个单位的产品?

8.12月初,某公司雇人砍伐松树,以满足圣诞节期间市场对圣诞树的需求。该公司以100棵树为销售单位把这些圣诞树批发给当地的一家批发商。过去几年的需求数据如表6-5所示。

表6-5　过去几年的需求数据

批量	概率	批量	概率
1	0.1	6	0.1
2	0.1	7	0.1
3	0.2	8	0.1
4	0.2	9	0
5	0.1		

　　如果每棵树的砍伐与修饰工作的成本为 160 元，销售价格为 250 元，请问该公司应该砍伐多少棵松树？

本章课件

第 7 章
相关需求的库存控制

　　制造业对原材料、零部件的需求呈相关性。本章主要给出了在需求呈现相关性时的 MRP 与 JIT 库存控制理论与方法。MRP 与 JIT 库存控制是制造业物料库存数智化管理的基础。

7.1 制造业库存需求的相关性分析

20世纪60年代中期，美国IBM公司的约瑟夫·奥列基（Joseph Orlicky）博士第一次提出了物料相关需求的概念，把产品中的各种物料分为独立需求和相关需求两种类型。

独立需求（independent demand）是指需求独立于产品的结构关系，如对产成品、备品备件的需求，并不是从上一级需求派生出来的，而是由其他因素决定的，这类需求主要受市场等外部随机因素的影响，可通过预测及吸取历史经验得到。在第5章和第6章中，我们讨论的是如何根据经济批量和再订货点的原则，对经营过程中所需的各种货物进行采购管理，从而达到合理控制库存、加快资金周转速度的目的。这种方式适用于流通领域或生产领域中的成品或维修备件等需求相对独立的库存管理。对于制造业而言，这种达到再订货点后即发出经济批量订单的方法，其有效性取决于物料需求的连续稳定性。但对于制造业的大部分物料来说，因为其需求具有相关性，所以很多原材料、零部件的需求并不具备连续稳定性。

相关需求（dependent demand）是根据产品的结构关系，直接由上一级需求项目派生出这一级需求项目的需求类型。对于相关需求的库存项目，其需求依赖其他库存项目的需求，其他项目的需求会对这一个项目的需求产生直接影响。任何制造业的经营生产活动都是围绕其产品开展的，在生产过程中，最终产品的生产离不开各级零部件和原材料的支持。在相关需求的思想下，制造业的产品都可以按照从原料到成品的实际加工装配过程，划分层次，建立上下层物料的层次从属关系和数量构成关系，从而勾画出反映产品特征及构成特征关系的产品结构图或物料清单。产品结构图或物料清单明确了产品构造的层级关系和物料之间的配比关系，上级物料的生产必然导致下级物料需求的产生。例如，一台汽车的生产，需要发动机、轮胎、内饰等多种物料，而发动机的生产又需要一系列零部件，这些物料需求的时间和数量都互相关联。当生产计划根据市场需求变动时，各类物料的需求时间与数量会随之变动，再加上生产批量、采购批量等的影响，物料的需求常常是不连续、不稳定的。

因此，如果用独立需求环境下的库存控制方法进行制造业中原材料与零部件库存控制策略的制定，其使用效果并不理想。随着对库存控制理论与应用的探索和信息技术的发展，相关需求库存控制有了许多行之有效的方法和技术，例如物料需求计划（material requirements planning，MRP）、准时制（just-in-time，JIT）等。

7.2 物料需求计划

下文将讨论基本MRP、闭环MRP、MRP的策略因素、MRP的编制方法、MRP报表的计算方法，并给出了计算示例。

7.2.1 基本MRP

这里讨论基本MRP的逻辑原理与及其主要输入输出内容。

7.2.1.1 基本MRP的逻辑原理

根据制造业对物料需求的相关性特征，基本MRP的运行逻辑原理是：在已知主生产计划（根据客户订单结合市场预测制订得到的各产品的排产计划）的条件下，根据产品结构或产品物料清单、制造工艺流程、计划交货期及库存状态等信息，由计算机编制得到各个时间段各种物料的生产计划与采购计划，如图7-1所示。

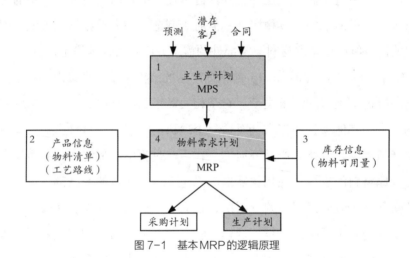

图7-1 基本MRP的逻辑原理

根据图7-1可知，基本MRP的运行依赖主生产计划、物料清单和库存记录这三个输入，并产生生产计划订单和采购计划订单这两个输出来指导企业的生产和库存管理决策。

（1）三个输入

基本MRP的三个输入，包括主生产计划、物料清单与库存记录。

①主生产计划（master production schedule，MPS），是对最终产品的生产计划，明确了在未来一定时期内各个具体时间段应该生产的产品数量和型号。它是整个物料需求计算的起点。

②物料清单（bill of materials，BOM），提供了产品结构层次和各组成部分之间

的关系，以及制造一件成品所需的每种物料及其用量。物料清单帮助MRP系统将最终产品的生产需求分解成对组件和原材料的需求。

③库存状态文件（inventory status file），包含所有物料当前的库存量、预计到货量以及安全库存等信息。MRP系统使用这些数据来计算实际需要补充多少物料，以满足生产需求并维持合理的库存水平。

（2）两个输出

基本MRP的两个输出，是指输出生产计划订单与采购计划订单。

①生产计划订单（production orders），是MRP系统计算后生成的内部生产指令，指示何时开始生产自制零部件以满足整体生产需求，同时也考虑了物料的提前期。

②采购计划订单（purchase orders），是MRP系统根据物料需求分析结果制订的外部采购计划，确定何时向供应商订购外购件，以确保它们在正确的时间到达，支持生产过程。

7.2.1.2 主生产计划

主生产计划是MRP的核心输入，主要用于规划未来一段时间内特定最终产品或关键项目的生产安排。主生产计划决定了企业需要生产或采购多少原材料和零部件。

主生产计划的制订需要考虑市场预测、客户订单、企业战略目标、生产批量、生产能力约束、交货期与提前期、库存策略等因素。主生产计划通常涵盖多个时间周期（例如周、月），并且包括每个时间段内计划生产的具体产品型号及数量。

7.2.1.3 物料清单

MRP的运行依赖产品的结构信息，按产品的结构规律来进行物料的需求分解，因此首先要对产品结构进行形式化表达。

用产品结构树来反映产品结构较为直观，它形如一棵倒长的树，根在上面，树杈在下面。图7-2是生产（或组装）一副眼镜的产品结构树。

为了便于计算机识别，必须把用图示表达的产品结构（产品结构树）转化成某种数据格式，这种以数据格式来描述产品结构的格式文件就是物料清单。如果说产品结构树从视觉上比较直观地反映了产品结构，那么物料清单则以一种特殊格式将产品结构存储于计算机中。

图7-2中的产品结构用物料清单来表示则是如表7-1所示的形式。

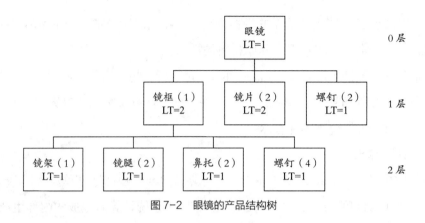

图 7-2　眼镜的产品结构树

表 7-1　一副眼镜的物料清单

零件号	描述	装配数	单位	层次
20100	镜框	1	个	1
20110	镜架	1	个	2
20120	镜腿	2	个	2
20130	鼻托	2	个	2
20099	螺钉	4	个	2
20300	镜片	2	个	1
20099	螺钉1	2	个	1

7.2.1.4 库存状态文件

产品结构文件是相对稳定的，但库存状态文件是不断变化的。库存状态文件是企业库存管理系统中的一个重要数据库文件，它详细记录了企业当前所有库存物品的状态信息。MRP系统的许多重要信息都储存在库存状态文件中，对于每种物料每次入库、出库、盘点，在库存状态文件中加以记录。这个文件通常包括以下内容：

①物料代码/产品ID，标识每种库存物品的独特身份，便于查找和管理。

②物料名称，即库存物品的具体名称或描述。

③现有库存数量，即目前仓库中每种物料的实际数量，包括已入库未分配、待检、合格可销售等不同状态的库存。

④位置信息，即库存物品在仓库或库位的具体存放位置。

⑤批次号/序列号，记录需要批次管理或序列号追踪的物料。

⑥单位，即库存物品的计量单位，如件、箱、千克等。

⑦最近一次采购或生产日期，即记录物料最后入库的时间，用于判断物料的新

旧程度或保质期。

⑧建议再订货点，根据库存控制策略设定，当库存量下降到这个点时，系统会提示需要补货。

⑨安全库存量，即为应对需求波动或供应不确定性而设定的额外库存量。

⑩预留库存，即已被预订或指定用于特定订单的库存数量。

7.2.1.5 采购计划和生产计划

在MRP系统中，采购计划与生产计划是密不可分的两个重要组成部分，它们共同支撑起企业内部的资源调度和管理活动。

（1）采购计划

MRP系统依据物料需求计算出的净需求量，结合物料的现有库存、已订未到货量及安全库存等因素，为外购件（非自制物料）生成采购计划。采购计划明确指出在未来各个时间段内应当采购哪些物料、采购多少数量，以及理想的到货时间。采购计划的制订需要考虑物料的采购提前期，确保物料在生产所需时点到达。

（2）生产计划

同样基于物料需求计算，对于自制件（内部生产的零部件或成品），MRP系统会生成生产计划。生产计划规定了企业内部各生产车间在不同时间段内应生产哪些产品或部件、生产多少数量，以及生产开始和结束的大概时间。生产计划同样要考虑物料的生产提前期和各车间的生产能力，以确保生产活动按时完成，满足后续生产环节的需求。

采购计划和生产计划两者相互配合，共同形成了企业资源调度的整体框架。采购计划确保了外购物料的及时供应，而生产计划则合理调配内部生产资源，共同致力于企业产品生产计划的顺利完成。同时，采购计划和生产计划的制订与执行都需要根据主生产计划和物料清单进行动态调整及优化，以应对市场变化和企业战略调整。

7.2.2 闭环MRP

闭环MRP是针对基本MRP的不足所做出的改进。

（1）基本MRP的不足之处

基本MRP管理模式的运作，是建立在如下一些假设前提之下的。

首先，在假定已有主生产计划，并且该主生产计划是可行的前提之下，对主生产计划所引发的物料需求进行有效管理。这也就意味着在已经考虑了生产能力可能实现的情况下，有足够的生产设备和人力来保证生产计划的实现。对于已订的主生产计划应该生产些什么，属于MRP系统功能的管辖范围，而工厂生产能力有多大、能生产些什么，则属于制订主生产计划时应考虑的范围。对此，MRP系统就显得无能为力了。

其次，假设物料采购计划是可行的，即认为有足够的供货能力和运输能力来保证完成物料的采购计划。而实际上，有些物料由于市场紧俏、供货不足或者运输工作紧张而无法按时、按量满足物料采购计划。如此，MRP系统的输出将只是设想而无法付诸实践。因此，用MRP方法所计算出来的物料需求有可能因设备工时不足而没有能力生产，或者因原料供应不足而无法生产。

最后，认定生产执行机构是可胜任的，有足够的能力来满足主生产计划制订的目标，所以MRP系统不涉及车间作业计划及作业分配问题。如果临时出现生产问题，则由人工进行调整，因此不能保证作业的最佳顺序和设备的有效利用。

（2）闭环MRP的逻辑流程

闭环MRP是在基本MRP的基础上，纳入生产能力计划、采购作业计划的反馈，并进一步考虑计划执行过程中的反馈信息而形成的，见图7-3。

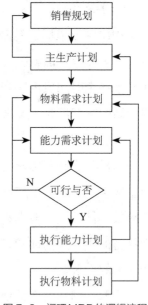

图7-3　闭环MRP的逻辑流程

7.2.3 MRP的策略因素

MRP的编制受许多策略因素的影响，包括制造/采购标识码、提前期、安全库存、损耗率、批量政策等。

（1）制造/采购标识码

制造/采购标识码属于物料主文件中的一个项目，通常用字母P或M来表示某物料是采购或是制造。当运行MRP时，这个标识码将决定是做采购订单还是做制造订单。如果是采购项目，则无须产生项目组件的需求；而对于制造项目，就必须利用物料清单来决定由哪些零件、部件或材料来制造这个项目。

（2）提前期

提前期是个时间量。对采购件或制造装配件来说，分别对应订购提前期或生产提前期。

（3）安全库存

确定相关需求的采购或生产批量时，也要考虑安全库存。在 MRP 中，安全库存是根据管理经验事先确定的。

（4）损耗率

在生产的各个环节中，有各种各样的损耗。因此在计算物料需求时，要考虑各种损耗系数。

（5）批量政策

实际计划生产或采购的交付数量和订货数量未必等于净需求量，这是由于在实际生产或订货中，加工、订货、运输、包装等都必须按照一定的整批数量来进行，以获得规模效益，节省运输和采购成本，或者获得批量折扣等。物料批量过大，加工或采购的费用减少，但占用的流动资金过多；批量过小，占用流动资金减少，但增加了加工或采购的费用。因此，物料批量的选择是一项重要的工作。MRP 中常见的批量政策有以下几种。

①直接批量法（lot for lot），指物料需求的批量等于净需求量，也称按需订货法（as required）。这种批量的计算方法往往适用于生产或订购数量和时间基本上能给予保证的物料，或者所需物料的价值较高、不允许过多地生产或保存的物料。

②固定批量法（fixed order quantity），指每次的加工或订货数量相同，但加工或订货间隔期不一定相同的计量方法，一般用于订货费用较大的物料。固定批量的大小是根据直观分析和经验判断而决定的。

③固定周期法（fixed order time），指每次加工或订货间隔周期相同，但加工或订货的数量不一定相同的批量计量方法。一般用于内部加工自制品生产计划，为的是便于控制。订货间隔的周期可以根据经验选定。

④经济批量法（economic order quantity），指考虑各项费用后确定使总成本最小的生产批量或采购批量的计量方法。

7.2.4 MRP 的编制方法

MRP 的编制，重点包括向上承接主生产计划、进行细能力平衡和调整、下达生产与物料作业计划三个方面，涉及的工作包括核实主生产计划、编制物料MRP、编制细能力计划、评估生产与物料作业计划、下达生产与物料作业计划等。制订MRP计划时，应该从其对应期间的主生产计划入手。

（1）承接和核实主生产计划

主生产计划是"推动"物料需求计划系统运行的根源，它是影响物料清单运行效率与效果的主要输入，决定了MRP系统实际运作的目标。不合理的主生产计划量，不仅生产系统实现不了，也会打乱企业的固有管理结构。所以核实和承接主生产计划量是MRP运算的第一关。

（2）逐层分解与合并运算零部件的毛需求量

毛需求量是根据主生产计划量进一步考虑产品结构特征来决定的。从物料清单中能得到有关主生产计划中零部件及原材料的数量和结构关系信息，根据主生产计划和这种结构信息，进行各种物料毛需求量的计算。对于多层次通用件，则要严格按照时间规律把它们进行合并处理，不可笼统求总量。有时也要考虑一些零部件的独立需求预测和外部零部件订货的需求计划。每一项物料每一个运算层次均要严格按时间区段核算出相应的毛需求量，以进一步平衡。

（3）计算零部件的计划产出量和计划投入量

以毛需求为基础，零部件的计划产出量安排依赖库存状况和库存事务处理。库存文件包含各种库存物料的状态数据（现有库存量、计划接收量、已分配量、提前期、订货策略等），每项库存事务处理（入库、出库、报废等）都要改变相应库存物料的状态数据，后者又在MRP计算需求量的过程中被引用和修改，它们互相关联、动态统一。确定计划产出量后，根据提前期、损耗等可确定计划投入量。

（4）分析零部件的来源，生成加工生产计划和物料采购计划

计划投入量决定了对各项物料的最终需要量。在辨识该物料是本厂内部制造还是外部采购的以后，就可以利用计划投入量，形成两份重要的计划执行文件——加工生产计划和物料采购计划。

（5）细能力计划的检验和调整

细能力计划是对MRP中所需的所有资源进行计算和分析。这不仅包括关键资源、关键工作中心、关键供应商、专业技能等，也包括人力、原材料、资金、运输、仓库等所有的企业要素。细能力计划功能是把物料需求计划的输出作为输入，根据计划的零部件需求量和生产基本信息中的工序、工作中心等信息计算出设备与

人力的需求量，各种设备的负荷量，以判断生产能力是否足够。若发现能力不足，则进行设备负荷调节和人力补充；如果能力实在无法平衡，可以再返回至主生产计划，并调整之。这也是一个闭环反馈系统的基本特征。

（6）批准和下达执行作业计划

从主生产计划到MRP实际上是同一个时间周期从粗到细的两个不同计划层次，细计划产生之后，接下来就是计划的执行。如果某物料是需要企业内部加工的，就产生一个生产制造指令，并下达加工单到相应的车间班组进行生产；如果是需要采购或委外加工的，就产生一个采购订单或委外加工订单。

MRP的编制流程见图7-4。

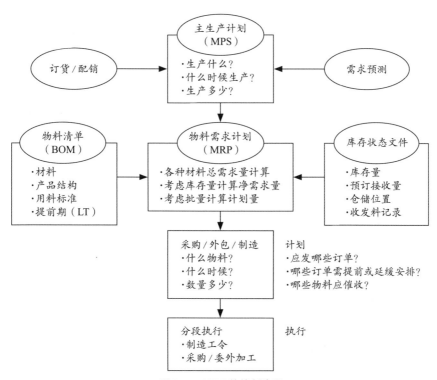

图7-4　MRP的编制流程

7.2.5　MRP报表的计算方法

MRP系统的核心是计算物料需求量，计算时涉及以下各量：

①毛需求量（gross requirement）；

②净需求量（net requirement）；

③已分配量（allocations）；

④现有库存量（projected on hand）；

⑤可用库存量（promise available balance）；

⑥计划收到量（scheduled receipts）。

其中毛需求量加上已分配量为总需求量，这里的已分配量是指尚保存在仓库中但已被分配掉的物料数量；已分配量应从现有库存量中减去，剩下的才是可分配量。现有库存量加上计划收到量为可达到的库存量。将总需求量减去可达到的库存总量就是真正的需求量，即净需求量。可用库存量与净需求量的计算公式为：

$$可用库存量＝现有库存量－安全库存－已分配数量$$

$$净需求量＝毛需求量＋已分配量－计划收到量－现有库存量$$

报表的全部推算过程如下：

第1步　推算物料毛需求。考虑相关需求和低层码推算计划期全部的毛需求。

$$毛需求量＝独立需求量＋相关需求量$$

$$相关需求量＝母件需求量×本级用量因子需求量$$

第2步　计算当期可用库存量。考虑已分配量，计算计划初始时的当期预计可用库存。

$$当期预计可用库存量＝现有库存量－已分配量$$

第3步　推算PAB初值。考虑毛需求，推算特定时段的预计库存量。

$$PAB初值＝上期末预计可用库存量＋计划接收量－毛需求量$$

第4步　推算净需求。考虑安全库存，推算特定时段的净需求。

$$当PAB初值≥安全库存，净需求＝0$$

$$当PAB初值＜安全库存，净需求＝安全库存－PAB初值$$

第5步　推算计划产出量。考虑批量，推算特定时段的计划产出量。

$$当净需求＞0，计划产出量＝N×批量$$

$$满足：计划产出量≥净需求＞(N-1)×批量$$

第6步　推算预计可用库存量。推算特定时段的预计库存量。

$$预计可用库存量＝计划产出量＋PAB初值$$

第7步　递增一个时段，分别重复进行第3～6步，循环计算至计划期终止。

第8步　推算计划投入量。考虑提前期推算计划期全部的计划投入量。

7.2.6 MRP报表计算示例

为便于理解和掌握MRP报表的运算方法，下面利用同一套示例数据，以分步的形式举例说明MRP的运算过程。

例 7-1 有X、Y两种产品，其包含的层次子件和需用的数量（括号内数字）及产品结构树见图 7-5。假定两种产品的主生产计划已经推算出X、Y的计划投入量和计划产出量，物料的提前期、批量、安全库存、现有量、已分配量等均为已知，已知的数据在表 7-2 中给出。现需解物料A的生产计划与物料C的采购计划。

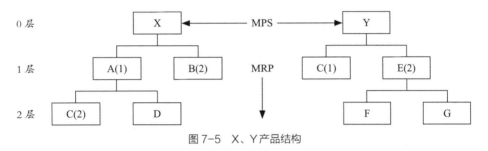

图 7-5 X、Y产品结构

根据已知条件，物料A的生产计划与物料C的采购计划的MRP推算过程见表 7-2。

表 7-2 X、Y两种产品所需物料的MRP运算

低层码	提前期	现在量	分配量	安全库存	批量	物料号	时段	当期	1	2	3	4	5	6	7	8	9
0	1				1	X	主生产计划产出量		20	15		15		15			10
							主生产计划投入量	20	15		15		15			10	
0	1				1	Y	主生产计划产出量			10		20				15	5
							主生产计划投入量		10		20			15	5		
1	1	25			10	A	毛需求	20	15		15		15			10	
							计划接收量										
							（PAB初值）	5	−10	10	−5	5	−10	0	0	−10	
							PAB预计可用库存	5		10	5	5	0	0	0	0	
							净需求	0	10	0	5	0	10	0	0	10	

续表

低层码	提前期	现在量	分配量	安全库存	批量	物料号	时段	当期	1	2	3	4	5	6	7	8	9
							计划产出量		10		10		10			10	
							计划投入量	10		10		10			10		
2	1	40	5	5	30	C	来自 A 的需求	20		20		20			20		
							来自 Y 的需求		10			20			15	5	
							毛需求	20	10	20		40			35	5	
							计划接收量										
							（PAB 初值）35	15	5	−15	15	−25	5	5	−30	25	
							PAB 预计可用库存	15	5		15	15	5			30	30
							净需求	0	0	20		30			35		
							计划产出量			30		30			60		
							计划投入量		30		30			60			

7.3 JIT库存控制

什么是JIT？ JIT与MRP有何不同？ JIT是如何应用于库存控制的？

7.3.1 JIT管理理念

JIT管理是指在精确测定生产制造各工艺环节作业效率的前提下，准确地计划物料供应量和供应时间的生产管理模式。其核心思想是"只在需要的时候，按照需要的数量，生产需要的产品"。具体而言，是指保证品种有效性，拒绝不需要的品种；保证数量有效性，拒绝多余的数量；保证所需的时间，拒绝不按时供应；保证产品质量，拒绝次品和废品。JIT的最终目标是一个平衡系统，一个贯穿整个系统的平滑、迅速的物料流。在该方式下，生产过程将在尽可能短的时间内，以尽可能最佳的方式利用资源，杜绝浪费。

在JIT理念中，浪费包括过量生产、等候时间、不必要的运输与存货、加工废品、工作方法低效和产品缺陷等。特别地，JIT认为库存是万恶之源，因为它不仅占用大量的资金，造成修建或租赁仓库等一系列不增加价值的活动，产生浪费，而且还将许多管理不善的问题掩盖起来，如机器经常出故障、设备调整时间太长、设备能力不平衡、缺勤率高、备件供应不及时等，使得问题得不到及时解决，JIT 就是要通过不断减少库存来暴露管理中的问题，以不断消除浪费，持续改进。

7.3.2 拉动式系统与推动式系统

在库存控制方面，JIT 不同于 MRP，后者被称为推动式系统，而 JIT 被称为拉动式系统。

（1）拉动式系统

拉动式系统是指由市场需求信息拉动产品装配需求，再由产品装配需求拉动零件加工。每道工序和每个车间按照当时的需求向前一道工序和上游车间发出需求指令，上游工序和车间完全按这些需求指令进行生产，形成物流和信息流的统一。

（2）推动式系统

推动式系统是指计划部门根据市场需求，按零部件展开，计算出每种零部件的需要量和需要时间，形成每个零部件的投入产出计划。然后将计划发给每一个生产地和生产车间，每一个生产地和生产车间都按计划制造零部件，将实际完成情况反馈到计划部门，并将加工完的零部件送达后一道工序和下游生产车间，不管后一道工序和下游生产车间当时是否需要。由于实际生产作业计划会不可避免地受到随机因素的干扰，因此推进式方式必然造成物流和信息流的分离。

7.3.3 JIT 系统库存控制

JIT 系统是一种典型的拉动式系统，市场对产品的需求形成 JIT 的拉动力，产品需求再引发对各种零部件和物料的需求。日本丰田公司最早发明了一种被命名为"看板拉动系统"的方法来控制 JIT 系统的库存。看板，在日文中的意思是"信号"，是用来传递生产计划与控制信息的工具。JIT 以看板管理为手段，采用"取料制"，即后道工序根据"市场"需要的产品品种、数量、时间和质量进行生产，一环一环地"拉动"各个前道工序，对于本工序在制品短缺的量，从前道工序取相同的在制品量，从而消除生产过程中的一切松弛点，实现产品"无多余库存"乃至"零库存"，最大限度地提高生产过程中的有效性。这种拉动方式是把下一工序作为顾客来对待，在下一工序用客户的眼光来检查上一工序传来的零件。

课后思考题

1.什么是独立需求？什么是相关需求？

2. 简述基本MRP的逻辑原理。

3. 简述闭环MRP的逻辑流程。

4. MRP中常见的批量政策有哪几种?

5. 什么是JIT? JIT管理的核心思想是什么?

6. 简述库存控制的推动式系统与拉动式系统。

7. JIT是如何进行库存控制的?

本章课件

第8章
供应链库存管理

　　供应链如何实现库存联动？本章主要讨论供应商管理库存模式、联合管理库存模式、CPFR模式及多级库存优化与控制，这些供应链库存管理模式需要仓库应用数智化技术。

8.1 供应商管理库存模式

什么是供应商管理库存？供应商管理库存的原则是什么？常见的供应商管理库存模式有哪些？多级供应商库存管理模式是怎样的？

8.1.1 供应商管理库存的含义与作用

长期以来，供应链上各节点企业都是各自管理库存，供应商、制造商、批发商、零售商等都采用自己的库存控制策略。供应链上各节点企业采用不同的库存控制策略，供应链间各环节信息不透明，上下游企业之间缺乏有效的信息共享和交流，可能会导致需求信息被扭曲和放大，出现"牛鞭效应"，既造成供应链上库存的积压，又影响着客户服务水平的提高。在供应链管理环境下，供应链各环节的活动应该是相互关联的。为了寻求供应链全局意义上的最优库存和最低成本，需要改变传统的各自为政的库存管理策略。

8.1.1.1 供应商管理库存的含义

供应商管理库存（vendor managed inventory，VMI）是一种有代表性的库存管理思想，产生于20世纪80年代。尽管关于VMI有大量的研究资料和文献，但对VMI的定义至今并未达成一致，目前比较公认的定义为："VMI是一种供应链集成化运作的决策代理模式，以双方都获得最低成本为目标，在一个共同框架协议下将用户库存决策权代理给供应商，由供应商代理分销商或批发商行使库存决策权利，并通过对该框架协议进行经常性监督和修正使库存得到持续改进。"因此，VMI是指在供应链环境下，由供应链上的制造商、批发商等上游企业对众多分销商、零售商等下游企业的流通库存进行统一管理和控制的一种新型管理方式。在这种方式下，供应链的上游企业不再是被动地按照下游订单发货和补充订货，而是根据自己对下游企业需求的整体把握，主动安排一种更合理的发货方式，既满足下游用户的需求，又使自己的库存管理和补充订货策略更加合理，从而实现VMI实施双方的成本降低和双赢。

8.1.1.2 供应商管理库存的作用

VMI是一种供应链管理策略，它改变了传统的库存控制方式，由供应商负责监控和管理买方的库存水平。VMI的核心目标是通过改进供应链上的信息传递和库存决策机制，实现库存成本最小化、客户服务最大化，以及供应链整体效率提升。VMI的主要作用体现在以下几个方面。

①降低库存成本。通过实时共享销售数据和库存信息，供应商可以更准确地预测需求，并据此调整供应量，从而避免买方采购过度或不足导致的库存积压或缺货现象，减少资金占用和库存持有成本。

②提高服务水平。因为供应商直接根据实际销售情况来安排补货，能够及时响应市场需求变化，确保产品在需要的时候有充足的供应，提高客户满意度，降低缺货带来的销售损失。

③优化供应链效率。VMI促进了供应链上下游企业间的协同合作与信息透明度，减少了需求沟通中的延迟和误解，使得整个供应链运行更加顺畅、高效。

④增强合作关系。通过共同承担库存管理责任，供应商和买方之间的关系得到了深化和强化，有助于建立长期稳定的合作伙伴关系，共同应对市场风险。

⑤减少"牛鞭效应"。"牛鞭效应"是指在供应链中由信息不对称和逐级放大而导致的需求波动。VMI模式通过信息共享和需求预测的准确性降低了这种不确定性，使整个供应链对市场需求变化的反应更为灵敏且平稳。

⑥资源优化配置。供应商可以根据整体需求趋势进行资源分配和生产计划调整，这有助于降低总体生产成本并提高资源利用率。

8.1.2 供应商管理库存的原则

VMI在通过供需双方协同进行库存管理和控制时，应遵循以下原则。

①合作性原则。供应商与客户之间建立紧密的合作关系，共享销售数据、需求预测和库存信息，共同参与决策过程。

②信息透明化原则。双方实时共享准确的库存数据和销售历史，确保供应商能够根据实际消耗情况精确地安排生产和补货计划。

③目标一致性原则。供应商和客户双方具有相同的目标，即优化库存水平、降低总成本并提高客户服务等级。

④风险分担原则。库存风险从传统上由买方单独承担转变为由供应链伙伴共同分担。供应商根据实时信息调整供应，承担一定的缺货或过剩的风险。

⑤持续改进原则。持续监控和评估VMI绩效，不断优化库存策略以适应市场变化和客户需求的变化，同时提高供应链的整体效率。

⑥信任基础原则。成功实施VMI的前提是双方之间的高度信任和长期合作关系，因为这涉及对关键业务信息的共享和重要决策权的转移。

⑦系统集成原则。利用先进的信息技术实现供应链合作伙伴之间的系统集成，便于快速准确地传递和处理库存及需求信息。

8.1.3 供应商管理库存的运作模式

实施VMI的企业在供应链中的位置、地位不同，其VMI的运作模式也不同，主要有以下四种情况。

8.1.3.1 供应商—制造商（核心）运作模式

在VMI中，尽管通常提到的是供应商主导库存管理，但实际上也有情况是以制造商为核心企业。在这种模式下，虽然名义上是供应商管理库存，但实际上制造商依然处于主导地位，通过与供应商紧密合作，共同管理库存水平。

（1）运作方式

①信息共享。制造商向供应商开放其内部销售数据、生产计划、库存水平等关键信息，使得供应商能够根据这些实时信息进行精确的供应预测和计划。

②需求预测与协同计划。制造商可能负责主导需求预测工作，与供应商共同制订详细的生产计划和供应计划，确保供应商能够提前准备好足够的库存来满足制造商的生产需求。

③库存策略制定。制造商可能根据自身对市场需求的洞察和对供应链的理解，与供应商一起确定恰当的库存策略，包括再订货点、安全库存量、经济订货批量等。

④库存控制与补货通知。尽管供应商参与库存管理过程，但库存决策的核心仍在于制造商。当库存水平接近预设的补货点时，制造商将通知供应商及时补充库存，确保生产连续性。

⑤风险管理与绩效考核。制造商可能负责监督整个VMI流程的执行效果，与供应商共同承担库存风险，并根据实际业绩对供应商进行绩效考核，促进双方的长期合作和共赢。

通过这种合作模式，制造商能够有效控制供应链中的库存成本，提高生产效率和客户服务响应速度，同时也能通过与供应商的紧密协作降低供应链整体的不确定性。

（2）制造商特点

在这种模式中，作为核心企业的制造商，一般具有如下特点。

①生产规模较大，制造商对零配件或原材料的需求比较稳定。

②要求供应商每次供货数量比较少，一般满足1天甚至几小时的需求。

③供货频率要求较高，有时甚至要求一天2~3次的供货频率。

④一般不允许发生缺货现象，服务水平要求达到99%以上。

由于这种模式中的制造商通常有几十家甚至上百家的供应商为其供货，让每一个供应商都在制造商附近建立仓库显然是不经济的，因此，可以在制造商附近建立一个供应商库存管理枢纽仓库（VM-hub），负责集中存储来自供应商的多种物料或产品，并按照制造商的需求进行拣选、包装和配送。

8.1.3.2 供应商—零售商（核心）运作模式

在VMI中，如果零售商是核心企业，那么其库存管理虽名义上由供应商主导，但实际上零售商仍占据主导地位。

（1）运作方式

供应商—零售商（核心）运作方式如下。

①信息共享。零售商向供应商提供实时的销售数据、库存水平及销售预测信息。这些信息通过先进的信息系统，如零售管理系统、ERP系统或其他VMI专用软件实时传输给供应商。

②库存决策权。虽然供应商负责监控库存水平并提出补货建议，但零售商仍然是库存决策的最终责任人。他们根据供应商提供的信息，结合自身的市场营销策略、库存目标和现金流状况，审慎决定是否接受供应商的补货提议。

③自动补货系统。当零售商的库存水平触及预设的再订货点时，供应商会根据预先商定的规则自动提出补货请求。零售商则根据实际需求和市场情况批准或调整补货计划。

④风险分担与协调。零售商和供应商共同承担库存风险，通过协商确定安全库存量、订货提前期等关键指标，同时建立灵活的供应链协调机制，以应对市场需求波动、供应中断等不确定因素。

⑤长期战略合作。在VMI供应商—零售商（核心）模式下，双方倾向于建立长期战略合作关系，通过共同优化库存管理，提高供应链效率，降低库存成本，提升客户服务质量。

⑥绩效评估与改进。零售商对VMI的执行效果进行定期评估，包括库存周转率、缺货率、服务水平等关键绩效指标，并与供应商共享结果，共同寻找改进方案。

（2）零售商特点

在这种模式中，作为核心企业的零售商，一般具有如下特点。

①信息透明度高。零售商愿意分享实时、准确的销售数据和库存信息给供应商，使供应商能够根据实际销售情况来管理库存。

②较强的供应链管理能力。零售商通常具备成熟的供应链管理系统，能够有效整合和分析销售、库存及市场需求信息，指导供应链优化。

③合作意愿强烈。零售商与供应商建立了长期稳定的合作关系，愿意通过共享风险和收益来共同提升供应链效率。

④库存精细化管理。即使让渡了一部分库存控制权给供应商，零售商依然密切关注库存水平和周转率，对库存成本有着严格控制。

⑤较高的市场敏感度。零售商对市场趋势和消费者需求变化反应迅速，能够快速调整销售策略，与供应商协同应对市场需求波动。

⑥较强的服务导向。零售商十分注重客户服务和客户满意度，希望通过VMI模式减少缺货情况，确保商品供应充足，从而提升客户购物体验。

⑦较强的供应链协调能力。零售商能够协调好内部各部门以及与供应商之间的关系，确保在VMI模式下信息传递流畅、决策快速、执行有力。

8.1.3.3 第三方物流企业参与的运作模式

VMI中，第三方物流企业的参与运作模式主要是为了进一步优化供应链的库存管理和服务水平。在这种模式下，第三方物流企业扮演了一个中介和增值服务提供商的角色，协助供应商和零售商进行库存管理，具体运作模式可能具有以下特点。

①库存托管。第三方物流企业负责管理供应商和零售商之间或供应商与制造商之间的库存，设立中央仓库或枢纽仓库（hub），集中存储供应商的产品，依据零售商或制造商的需求进行管理和配送。

②信息集成。第三方物流企业利用先进的物流信息系统，集成供应商的生产信息、零售商的销售数据和库存信息（或制造商的物料需求信息），实时监测和分析库存动态，确保供需匹配。

③补货管理。根据库存水平和需求预测，第三方物流企业代替供应商进行补货决策，向供应商发送补货指令，同时确保零售商或制造商的库存始终维持在适宜水平。

④配送优化。第三方物流企业运用其专业的物流网络和配送能力，优化配送路

径和时间，确保产品快速准确地送达零售商或制造商处，降低物流成本，提高响应速度。

⑤风险共担。在这种模式下，第三方物流企业可能承担一定的库存风险，通过与供应商和零售商或制造商签订服务协议，明确各自在库存管理、成本控制和风险承担方面的责任。

⑥供应链协同。通过第三方物流企业的介入，供应链上下游企业之间的协同效应增强，提高了供应链整体的柔性和效率，降低了库存成本和缺货风险。

⑦增值服务。第三方物流企业还可提供如库存盘点、订单处理、逆向物流等增值服务，全方位提升供应链管理水平。

8.1.4 多级供应商管理库存模式

多级VMI涵盖了供应链的多个层级，供应商不仅管理直接客户（如制造商或零售商）的库存，而且可能延伸至次级供应商，甚至更深层次的供应链环节，即供应商可以对其下游分销商、二级供应商甚至更远端的库存进行管理。在这种模式中，供应链伙伴间的信息共享更加广泛和深入，共同优化整体库存水平。多级VMI模式主要有以下运作特点。

①信息透明共享。供应链上下游的企业之间实现高度的信息共享，各级供应商可以获得多个下游层级的需求、库存和销售数据，以便进行更精确的预测和库存控制。

②跨层级协同决策。供应商不仅关心自己与直接客户的库存关系，还深入参与整个供应链的库存管理，与各级分销商共同制定补货策略，优化整个供应链的库存分布。

③风险分散与成本降低。库存风险在整个供应链中得到了更均匀的分散，而非集中在某几个环节，有助于降低单一企业的库存成本和缺货风险。

④响应速度提升。供应链的敏捷性得到增强，能够更快地响应市场需求变化，减少库存积压或缺货现象，提高客户满意度。

⑤复杂性管理。由于牵涉到多个层级的库存控制，多级VMI对信息系统的建设和管理水平提出了更高的要求，需要完善的信息技术（information technology，IT）基础设施支持，以处理和分析复杂的数据流。

⑥合作伙伴关系强化。供应链各环节之间建立更紧密的合作关系，共同致力于

提高供应链效率和降低成本，这对于长期战略伙伴关系的建立具有积极作用。

8.2 联合管理库存模式

联合管理库存（jointly managed inventory，JMI），是一种在 VMI 的基础上发展起来的上下游企业权利责任平衡和风险共担的库存管理模式。联合管理库存强调供应链中各个节点同时参与，共同制订库存计划，使供应链中的每个库存管理者都从相互之间的协调性考虑，并使供应链各个节点之间的库存管理者对需求的预期保持一致，从而消除需求变异放大现象。

8.2.1 联合管理库存的实施过程

联合管理库存的实施过程如下。

①确立合作关系。供应链上的各方（如供应商、制造商、分销商等）需要明确合作意向，建立信任关系，并签署合作协议，确定库存管理目标、责任分工及利益分配等。

②信息共享平台搭建。建立信息共享系统，包括实时销售数据、库存信息、生产计划、市场需求预测等关键信息的互联互通，以确保各方能获取准确、及时的数据。

③需求预测与协同计划。利用先进的预测技术和协同规划工具，共同构建准确的需求预测模型，以此为基础制订生产和库存补充计划。

④库存策略制定与优化。确定合适的库存策略，如共同设定再订货点、安全库存量等，通过联合决策优化库存水平，减少库存成本，同时保证服务水平。

⑤库存责任分配。明确各方在库存持有、补货决策、库存成本分担等方面的责任和权利，共同承担库存风险，实现库存成本的合理分配。

⑥系统集成与流程整合。整合供应链伙伴的 ERP、WMS 等信息系统，实现库存数据的实时同步，确保供应链各环节的无缝衔接。

⑦持续监控与绩效评估。实施过程中要持续监控库存水平、响应速度、缺货率等关键指标，定期进行绩效评估，发现问题并及时调整策略，不断提升联合管理库存的效果。

⑧培训与沟通。提供必要的培训和支持，确保供应链各环节的员工理解并掌握联合管理库存的理念与操作方法，加强各方之间的沟通与协作。

8.2.2 联合管理库存的优缺点分析

联合管理库存具有以下优点。

①流程的简化。由于联合管理库存将传统的多级别、多库存点的库存管理模式转化为对核心制造企业的库存管理，核心企业通过对各种原材料和产成品实施有效控制，就能达到对整个供应链库存的优化管理，简化了供应链库存管理运作程序。

②降本增效。在传统的库存管理模式下，供应链上各企业都设有自己的库存。随着核心企业分厂数目的增加，库存物资的运输路线将呈几何级数增加，而且重复交错，这显然会使物资的运输距离和在途车辆数目增加，其运输成本也会大大增加。而联合管理库存通过供应链库存层次简化减少了库存点和相应的库存持有成本，从而降低供应链系统总的库存费用。此外，供应商的库存直接存放在核心企业的仓库中，不但保障核心企业原材料与零部件的供应、取用方便，而且核心企业可以统一调度、统一管理、统一进行库存控制并优化运输路线，为核心企业快速高效的生产运作提供了强有力的保障条件。

③供应链的稳定性。联合管理库存系统把供应链管理系统进一步集成为上游和下游两个协调管理中心，通过协调管理中心，供需双方共享需求信息，从而部分消除由供应链环节之间的不确定性和需求信息扭曲现象导致的库存波动，最终增强供应链的稳定性。

联合管理库存具有以下缺点。

①信息共享难题。要实现联合管理库存，供应链各方需要高度信任，并愿意共享内部敏感信息，如销售数据、库存水平和需求预测等。然而，这种高度透明可能引发信息安全和商业机密保护方面的顾虑。

②系统兼容性与集成。各企业所使用的ERP、WMS等系统，以及其他IT基础设施可能存在兼容性问题，整合这些系统以实现实时数据交换是一项重大挑战。

③责任模糊与冲突。在联合管理库存模式下，库存决策责任由多方共同承担，这可能导致决策权的混淆和潜在冲突。例如，库存过多或过少时，难以明确哪一方应承担责任。

④需求预测不准确。即使在信息共享的情况下，需求预测仍然可能出现偏差，特别是市场瞬息万变时，这种不确定性可能导致库存策略失效。

⑤合作成本与谈判难度。建立和维持联合管理库存合作关系需要投入大量的

人力物力，包括谈判、签订协议、培训和维护合作关系等，这些均可能增加管理成本。

⑥响应速度与灵活性降低。在快速变化的市场环境中，联合管理库存可能会限制单个企业对突发需求变化的快速响应能力，因为任何库存调整都需要经过多方协商和确认。

⑦文化差异与沟通障碍。当供应链中涉及跨国或跨文化的合作伙伴时，文化和沟通风格的不同可能导致合作进程受阻，影响联合管理库存的实施效果。

⑧法律风险与合同纠纷。若发生违约或意外事件，解决合同纠纷的过程可能较为复杂，尤其是在国际供应链环境下，法律适用和管辖权问题可能带来额外的困难。

总体来说，成功的联合管理库存实施需要克服以上诸多挑战，通过构建长期、互信的合作伙伴关系，采用先进的信息技术支持，以及制定灵活、明确的协议条款，才能最大限度地发挥其在优化库存、降低成本和提高客户服务水平方面的优势。

8.3　协同计划、预测与补给

协同计划、预测与补给（collaborative planning, forecasting, and replenishment, CPFR）是一种先进的供应链管理理念和方法，旨在通过供应链伙伴间的深度合作，共享信息和共同制定决策，从而提高需求预测的准确性、降低库存成本、提升客户服务质量和整体供应链效率。

8.3.1　CPFR 的核心要素

CPFR 的核心要素包括如下几个方面。

①信息共享与透明度。供应链伙伴间必须建立可靠的信息交换机制，实时共享销售数据、库存信息、生产计划和市场需求预测等关键信息。

②协同预测。基于共享的数据，各方共同创建并维护一个统一、准确的需求预测模型，这有助于减少需求预测的误差传播，即所谓的"牛鞭效应"。

③协同计划。在统一的需求预测基础上，供应链伙伴共同制订生产计划、采购计划、运输计划等，以确保资源的合理配置和充分利用。

④协同补给。基于预测和计划，采用协同补货策略，如连续补货计划等，确保

在正确的时间和地点补充适当数量的库存。

⑤决策支持与例外管理。CPFR系统支持实时的决策制定，通过数据分析识别潜在的问题和异常情况，并启动例外管理流程，快速解决问题，确保供应链的稳定运行。

⑥持续改进与优化。CPFR强调通过持续监测绩效指标，不断优化供应链流程，提高预测精度，减少不确定性，降低库存成本，并提高客户满意度。

8.3.2 CPFR的优缺点

CPFR的优点如下。

①预测准确性提高。通过共享信息和协作预测，减少单方面预测误差，提高整个供应链上产品需求预测的准确性。

②库存优化。通过实时数据共享和协同补货，降低库存持有成本，同时确保满足客户需求，减少缺货和过度库存的风险。

③合作关系加强。加强供应链伙伴间的信任和合作，促使各方更加关注共同利益和整体绩效。

④响应速度加快。快速响应市场需求变化，缩短从预测到补货的时间周期，提升供应链敏捷性。

⑤成本降低。更高效的库存管理和运输计划降低了无效搬运和存储成本。

⑥客户满意度提高。通过提高产品的可用性和准时交货率，提升客户满意度和忠诚度。

CPFR的缺点与面临的挑战如下。

①信息共享难题。实施CPFR需要高度的信任和透明度，企业可能担心商业机密被泄露而不愿分享关键数据。

②技术复杂性。实现CPFR要求高水平的IT基础设施和系统集成，这需要投入大量资金和资源进行开发、维护和升级。

③组织变革有阻力。推行CPFR涉及跨组织流程重组和职责重新分配，可能会遭遇内部抵触和文化冲突。

④协调难度大。不同企业在运作模式、决策流程和业务优先级上存在差异，协调一致的预测和补货行动有时会面临困难。

⑤供应链依赖性增强。当供应链伙伴紧密协作时，一方的问题可能迅速影响其

他伙伴，增强了供应链的脆弱性。

⑥法律和合规风险。在某些情况下，数据共享可能涉及法规限制和隐私保护问题，需要解决合规性挑战。

8.3.3 CPFR的实施步骤

CPFR的实施步骤如下。

①供应链伙伴达成协议。合作伙伴之间首先需要建立信任和合作关系，明确共同的目标和期望，签订合作协议，定义各自的职责、权利和信息共享规范。

②创建联合业务计划。合作伙伴共同制订覆盖整个供应链的业务计划，包括长期战略规划和短期运营计划，确保双方在市场趋势、销售目标、生产计划等方面有共识。

③创建销售预测。利用历史销售数据、市场研究、季节性规律等信息，合作伙伴共同构建和维护准确的需求预测模型，减少预测误差，降低库存风险。

④识别销售预测的例外情况。通过实时监控销售数据和库存水平，识别出预测与实际销售之间的差距（例外情况），并迅速调整。

⑤销售预测例外项目的解决/合作。对于预测之外的重大变化，合作伙伴共同探讨原因，调整预测模型，制订应急计划，并根据需要调整生产、采购和补货计划。

⑥创建补货计划。根据预测结果和库存水平，确定何时、何地、以何种方式补充库存，确保供应链顺畅运作，满足客户需求。

⑦执行与监控。执行协同补货计划，实时监控供应链运作情况，确保库存、订单和运输活动与计划相一致。

⑧反馈与调整。收集实际执行结果数据，与预测进行对比分析，找出存在的问题和改进点，定期评估CPFR流程的性能，并根据反馈进行迭代优化。

⑨持续改进与学习。通过不断沟通、反馈和学习，合作伙伴不断提升协同预测和补货的能力，持续优化供应链绩效。

值得注意的是，CPFR的实施是一个循环迭代的过程，各个步骤之间不是线性的，而是相互关联、反复调整的。此外，信息化技术在此过程中起到关键支撑作用，确保数据实时准确、流程自动化、决策智能化。

8.4 多级库存优化与控制

多级库存优化与控制是供应链管理中的一个重要概念，它指的是在包含多个库存持有环节（如供应商、制造商、分销中心、零售商等）的供应链体系中，通过统筹规划和精确调控各个层级的库存水平，以达到整体库存成本最小化、客户服务最优化的目标。

8.4.1 多级库存优化与控制的核心要素

多级库存优化与控制的核心要素包括以下几个方面。

①全局优化。不同于单点库存控制，多级库存优化与控制强调的是对整条供应链库存的全局视野和一体化管理，通过联动不同层级的库存决策，力求在总体层面上取得最佳效益。

②信息共享与协同决策。实现多级库存优化与控制的关键在于供应链成员之间的信息透明与协同工作。通过建立信息共享平台，每个层级都能获取相关的需求预测、库存状况、运输计划等信息，从而做出更为精准和高效的库存决策。

③库存策略的选择与定制。在多级库存系统中，需要针对不同的供应链环节选择或定制适合的库存策略，如经济订货量模型、再订货点法、连续补货策略等，并结合实际情况设定恰当的安全库存和补货规则。

④供需平衡与反应速度。优化库存意味着要在满足客户需求的同时，尽可能减少库存积压或短缺。这就要求供应链具备灵活的响应能力和准确的需求预测能力，能够在需求变化时迅速做出调整。

⑤风险分担与资源配置。通过合理的库存分布和风险管理策略，比如设置备份供应商、分散库存风险等措施，可以在供应链的不同环节之间有效平衡库存风险和资源分配。

⑥技术支持与实施工具。现代多级库存优化与控制离不开信息技术的支持，包括 ERP 系统、供应链管理解决方案（supply chain management solution，SCM）、高级计划与排程（advanced planning and scheduling，APS）系统等，这些工具可以帮助管理者模拟、分析并优化库存控制方案。

8.4.2 多级库存优化与控制的主要任务

多级库存优化与控制的主要任务包括以下几个方面。

①库存成本最小化。优化过程中首要目标是通过精确控制各级库存，尽量降低库存持有成本（如仓储费用、资金占用成本等）、订货成本、缺货成本和运输成本等总成本，找到成本和服务水平之间的最佳平衡点。

②需求预测准确性提升。提高供应链各层级的需求预测精度，确保正确估计未来销售量，并以此为基础制订合适的补货计划，防止过多或过少的库存储备。

③信息共享与协同决策。建立有效的信息共享机制，使供应链各环节能够实时了解库存状态和需求变化，进行协同决策，实现跨组织、跨层级的库存优化。

④补货策略优化。针对不同层级和商品特性，设计并实施最优的补货策略，如推动式或拉动式补货、连续补货、周期性补货等，确保库存能满足客户需求，同时避免过度补货。

⑤服务水平保证。在控制库存成本的同时，保证一定的服务水平，如高订单履行率、低缺货率等，以满足客户的期望值，保持竞争优势。

⑥风险分散与缓冲管理。合理设置安全库存和备用资源，应对供应链中的不确定性和突发风险，包括需求变动、供应中断、运输延误等。

⑦技术与系统支持。采用先进的信息技术和管理系统，如ERP、SCM、WMS等，实现库存数据实时追踪、自动预警、智能预测与决策支持。

⑧供应链结构调整与优化。分析和调整供应链结构，包括库存布局、物流路径、供应链伙伴关系等，以适应市场变化，进一步提高整体运营效率。

课后思考题

1. 什么是VMI？在企业管理中，VMI有何作用？

2. 常见的VMI的运作模式有哪些？

3. 什么是联合管理库存？联合管理库存的优缺点是什么？

4. 什么是CPFR？有何优缺点？

5. 什么是多级库存优化与控制？其核心要素有哪些？

本章课件

第 9 章
仓储规划与设计

　　本章主要讨论仓库选址规划、布局规划、存储区规划与仓储设备规划。好的规划有利于仓库降低成本、提高竞争力。

9.1　仓库选址规划

选择正确的仓库位置对于企业的物流效率、运营成本、服务质量及企业整体战略的实施有着至关重要的作用。下文将对仓库选址进行概述，分析仓库选址应考虑的因素，介绍重心法选址、综合因素分析法选址，以及不同类型仓库选址时的注意事项。

9.1.1　仓库选址概述

仓库选址是指在物流系统规划过程中，为新建或搬迁仓库选择最佳地理位置的过程。它涉及一系列复杂的决策变量，包括但不限于物流成本、市场覆盖范围、交通便利性、土地成本、政策法规、供应链协同性、劳动力资源、基础设施等因素。

（1）仓库选址的层次

仓库选址可分为宏观层次选址与微观层次选址。

①宏观层次选址。这一层次主要是确定仓库所在的区域或大体位置，主要考虑的因素包括供应链网络布局、目标市场的地理位置、交通基础设施（如高速公路、港口、机场等）、物流枢纽的临近程度、地域经济发展水平、地方政策支持等。

②微观层次选址。在确定大致区域后，进入具体地块的选择，此时需要考虑的因素包括场地面积大小、土地形状和坡度、建筑物构造与改造成本、周边环境（如噪声、环境保护要求等）、水电等基础设施接入条件、员工生活便利性等。

（2）仓库选址的重要性

仓库选址的结果对企业运营非常重要。

①成本控制。仓库租金、地价、运输成本、人工成本等与选址密切相关，选择合适的位置可以有效降低成本。

②服务效率。仓库靠近目标市场和交通枢纽有利于缩短配送时间和提高物流效率，从而提高客户满意度。

③供应链稳定性。与供应商和客户之间的距离及交通便利性直接影响供应链的稳定性。

④与企业长期战略规划吻合性。好的仓库选址有助于企业更好地实施长期发展战略，如市场扩张、产能布局等。

9.1.2　仓库选址应考虑的因素

仓库选址是一个重要的决策过程，涉及多方面的因素。以下是进行仓库选址时应当考虑的关键因素。

（1）地理位置

仓库地址应在接近客户的同时保证交通便利性。

①仓库地址应尽量接近最终客户。选择靠近目标客户群或市场需求的地区，以减少运输时间和成本。

②仓库交通应尽量便利。确保仓库周边有良好的交通基础设施，如公路、铁路、港口或机场，以使货物能够快速、方便地进出。

（2）成本

与仓库选址直接相关的成本包括租金和地价、劳动力成本，以及运营成本等。

①租金和地价。比较不同地点的租金和地价，确保它们与企业的预算和长期计划相符合。

②劳动力成本。考虑当地的劳动力成本，包括薪资水平和劳动力市场的状况。

③运营成本。评估与地点相关的所有其他成本，如运输费用、能源费用、税费、保险和日常运营开销。

（3）可用空间和可扩展性

仓库应在满足当前需求的同时，考虑其可扩展性。

①满足当前需求。评估当前仓库容量需求，确保所选地点能够提供足够的空间。

②满足未来发展需求。考虑企业未来的增长计划，选择一个可以根据需要进行扩展的地点。

（4）公共设施和自然条件

仓库的正常运营需要公共设施和自然条件的保障。

①公共设施。要确保地点附近有可用的水、电、通信和其他公共服务设施。

②安全设施。要评估当地的治安状况和消防服务，确保仓库的安全。

③自然条件。要考虑自然灾害（如洪水、地震等）的风险，选择一个地质条件稳定且受灾可能性较小的地点。

（5）环境和可持续性

要关注仓库对环境的影响及仓库的可持续发展。

①环境影响。评估地点对环境的潜在影响。

②绿色能源。了解是否有可再生能源供应的机会，如太阳能或风能。

（6）法规和政策

要关注当地的法规与政策。

①当地法规。确保了解并遵守当地关于土地使用、建筑和运营的所有规定。

②税收优惠。考虑是否有任何对仓库运营有利的税收优惠政策。

（7）供应链集成

仓库作为供应链网络中的重要节点，应满足供应链集成的需要。

①供应商距离。评估仓库与主要供应商之间的距离，以优化供应链和库存管理。

②分销网络。考虑现有或计划中的分销中心、零售店和其他销售点的位置。

（8）劳动力市场

仓库的日常运营需要劳动力，除了要考虑劳动力成本，还应考虑劳动力的技术水平与劳动力市场供给的稳定性。

①技能水平。评估当地劳动力市场的技能水平和可用性，以确保有足够的合格员工来支持仓库运营。

②劳动力稳定性。考虑劳动力市场的流动性和稳定性，以减少员工更替的影响。

9.1.3 重心法选址

重心法，又称精确重心法，是一种在物流网络中常用的宏观层次的仓库选址方法。这种方法基于物理中的重心原理，将物流系统中的需求点和资源点视为分布在某一平面范围内的物体，各点的需求量和资源量分别视为物体的重量，通过求物体系统的重心来确定物流网点的最佳位置。其核心思想是通过最小化运输成本来选择最佳的仓库位置。

9.1.3.1 应用步骤

应用重心法选址，其步骤如下。

（1）数据收集与处理

需要收集所有可能影响仓库选址的因素的数据。这些数据包括但不限于潜在仓库位置、每个顾客点的坐标及其年货运总量等。

（2）建立直角坐标系

在地图上建立直角坐标系，坐标可以是任意选定的。例如，跨国公司在全球范围的选址中可以采用经纬度作为坐标，而在一个城市或地区内选址时则可以使用地图配合坐标值。

（3）确定各需求点和资源点的坐标

根据上一步骤建立的直角坐标系，给出各点的坐标。如图 9-1 所示，各点的坐标分别为（X_1，Y_1），（X_2，Y_2），（X_3，Y_3），（X_4，Y_4），最优的仓库位置记为（X，Y）。

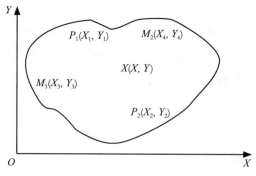

图 9-1　单一仓库与多个工厂及客户位置分布

（4）计算重心坐标

仓库的最优位置应实现总运输费用的最小化。将各点的运量乘以仓库到该点的运输费率，再乘以仓库到该点的运送距离，求出上述乘积的各点之和，和最小的点就是所求仓库的位置，即

$$\min \mathrm{TC} = \sum V_i R_i d_i \tag{9-1}$$

式中，

　　TC——总运输成本；

　　V_i——i 点的运输量；

　　R_i——i 点到仓库的运输费率；

　　d_i——从位置待定的仓库到 i 点的距离。

距离 d_i 可由下式估计得到：

$$d_i = K \sqrt{(X_i - X)^2 + (Y_i - Y)^2} \tag{9-2}$$

式中，K 代表一个度量因子，将坐标轴上的单位指标转换为更通用的距离度量单位，如英里或千米。

将式（9-2）代入式（9-1）并分别求 TC 关于仓库坐标 X、Y 的一阶偏导数，并令其为 0，这样可以得到两个方程式。解这两个方程，可以得到仓库位置的坐标值。其精确重心的坐标值为：

$$X = \frac{\sum\limits_{i} V_i R_i X_i / d_i}{\sum\limits_{i} V_i R_i / d_i} \qquad (9-3)$$

$$Y = \frac{\sum\limits_{i} V_i R_i Y_i / d_i}{\sum\limits_{i} V_i R_i / d_i} \qquad (9-4)$$

因为式（9-3）和式（9-4）右边还含有 d_i，即还含有所要求的未知数 X、Y，而要从两式的右边完全消去 X、Y，直接计算比较困难，故采用迭代法来进行计算。计算求解的过程包括下列几个步骤。

①不考虑距离因素 d_i，用重心公式估算初始选址点：

$$X_0 = \frac{\sum\limits_{i} V_i R_i X_i}{\sum\limits_{i} V_i R_i} \qquad (9-5)$$

$$Y_0 = \frac{\sum\limits_{i} V_i R_i Y_i}{\sum\limits_{i} V_i R_i} \qquad (9-6)$$

②利用 $d_i = K\sqrt{(X_i - X_0)^2 + (Y_i - Y_0)^2}$，用步骤①求得的 X_0、Y_0 计算 d_i。

③将 d_i 代入式（9-5）和式（9-6），解出修正后的 X_0、Y_0 的坐标值。

④根据修正后的 X_0、Y_0 的坐标值，再重新计算 d_i。

⑤重复步骤③与④，直至 X_0、Y_0 的坐标值在连续迭代过程中不再变化或变化很小，此时继续计算没有意义。

⑥最后利用 $\min TC = \sum V_i R_i d_i$ 计算最优选址的总成本。

（5）验证与调整

根据计算出的重心坐标，可以初步确定仓库的选址。然而，由于实际情况可能存在的复杂性，需要对计算结果进行验证和调整。例如，需要考虑地形、地质、交通等因素对仓库选址的影响。

（6）决策与实施

根据验证和调整后的结果，确定仓库的具体位置，并进行后续的建设和运营工作。

9.1.3.2 重心法的不足之处

重心法仓库选址的不足之处主要包括以下几个方面。

①忽视非运输成本因素。重心法主要基于运输成本最小化的原则来选址，但它

没有考虑除运输成本外的其他重要成本因素，例如仓库建设成本、运营成本、人力资源成本、税收优惠、土地购置成本、环境保护成本等。

②过于简化的模型假设。重心法通常假设运输成本与运输距离呈线性关系，且两点间距离按直线计算，但实际上运输线路可能是曲折的，并且随着距离增加，运输成本未必线性上升。此外，实际运输中可能还会受到交通拥堵、路线选择、货物装载率等多种因素影响。

③忽略地理限制和实际可行性。计算出的理论最优重心可能位于水域、山脉、城市限制区域等现实中无法建立仓库的地方。此外，仓库还需要考虑与重要市场的接近程度、供应链伙伴的分布、客户满意度等因素，这些都是单纯计算重心无法涵盖的内容。

④未考虑市场竞争和客户需求。重心法没有将市场竞争态势、客户需求变化、未来市场发展等因素纳入考虑范畴，这些因素可能会对仓库选址产生重大影响。

⑤适应性较差。在实际运营中，市场需求、供应链结构和物流网络会发生变化，而重心法一次计算得到的结果可能不适应动态的市场环境。

⑥信息完整性受限。计算重心法需要大量的准确数据支持，包括各点之间的货运量和距离等，但实际中获取完整、准确的数据可能存在很大难度，这也会影响选址决策的质量。

综上所述，虽然重心法一定程度上能帮助确定仓库的大概位置，但由于忽略了众多实际经营中的复杂因素，故在实际应用时常用于宏观选址，且需要结合其他方法进行修正和优化，例如通过综合评价法对重心法的选址结论进行修正。

9.1.4 综合因素分析法选址

常见的综合因素分析法有加权因素法与因次分析法。

9.1.4.1 加权因素法

若在设施选址中仅对影响设施选址的非经济因素进行量化分析评价，一般可以采用加权因素法。加权因素法的应用步骤如下。

①对设施选址涉及的非经济因素通过决策者或专家打分，再用求平均值的方法确定各非经济因素的权重，权重大小可界定为 $1 \sim 10$。

②专家对各非经济因素就每个备选场址进行评级，可分为五级，用五个字母元音 A、E、I、O、U 表示。各个级别分别对应不同的分数，A=4 分、E=3 分、I=2 分、O=1 分、U=0 分。

③将某非经济因素的权重乘以其对应选址方案该级别分数，得到该因素所得分数。

④将各方案的各种非经预混剂因素所得分数相加，即得各方案分数，分数最高的方案即为最佳选址方案。

例9-1 某仓库选址设计了甲、乙、丙、丁四种方案，专家对非经济因素的权重和评级分数进行了确定，并对步骤③、④进行了计算，计算结果如表9-1所示。

表9-1 各方案的加权因素得分计算

非经济因素	权重	各选址方案等级及分数			
		甲方案	乙方案	丙方案	丁方案
场址位置	9	A/36	E/27	I/18	I/18
面积	6	A/24	A/24	E/18	U/0
地势和坡度	2	O/2	E/6	I/4	I/4
风向、日照	5	E/15	E/15	I/10	I/10
铁路接轨条件	7	I/14	E/21	I/14	A/28
施工条件	3	I/6	O/3	E/9	A/12
与城市规划的关系	10	A/40	E/30	E/30	I/20
合计		137	126	103	92

从表9-1的计算结果中可以看出甲方案分数最高，因此选甲方案场址为佳。

9.1.4.2 因次分析法

因次分析法是将经济因素（成本因素）和非经济因素（非成本因素）按照相对重要的程度统一起来，确定各种因素的重要性因子和各个因素的权重比率，按重要程度计算各方案的场址重要性指标，以场址重要性指标最高的方案为最佳方案。

因次分析法设经济因素的相对重要性为 M，非经济因素的相对重要性为 N，经济因素和非经济因素的重要程度之比为 $m:n$，则 $M = \dfrac{m}{m+n}$，$N = \dfrac{n}{m+n}$。

因次分析法的应用步骤如下。

（1）确定经济因素的重要性因子 T_{ji}

设有 k 个备选场址方案，C_i 为第 i 个备选场址方案的各种经济因素所反映的货币量之和（即该备选场址方案的经济成本），则第 i 个备选场址方案的经济因素的重要性因子 T_{ji} 为：

$$T_{ji} = \frac{\dfrac{1}{C_i}}{\displaystyle\sum_{i=1}^{k}\dfrac{1}{C_i}}$$

式中，因为非经济因素越优越，其指标应该越大，而经济成本越大，经济性就越差，所以取成本倒数进行比较，以和非经济因素进行统一，计算结果数值大者经济性好。

（2）确定非经济因素的重要性因子 T_{fi}

非经济因素的重要性因子 T_{fi} 的计算又分三个步骤。

①确定单一非经济因素对于不同候选场址的重要性，即就单一因素将被选场址两两比较，令较好的比重值为 1，较差的比重值为 0。将各方案的比重除以所有方案所得的比重和，得到单一因素相对于不同场址的重要性因子 T_d，T_d 的计算公式为：

$$T_d = \frac{W_i}{\displaystyle\sum_{i=1}^{k}W_i}$$

式中，T_d——单一因素对于备选场址的重要性因子；

W_i——单一因素所获得的比重值；

$\displaystyle\sum_{i=1}^{k}W_i$——单一因素对于各备选场址的总比重之和。

②确定各个因素的权重比率 G_i。对于不同的因素，确定其权重比率 G_i 可以用上面步骤中两两比较的方法，也可以由专家根据经验确定，所有因素的权重比率之和为 1。

③将单一因素的重要性因子乘以其权重，将各种因素的乘积相加，得到非经济因素对于各个候选场址的重要性因子 T_{fi}，计算公式为：

$$T_{fi} = \sum_{i=1}^{k}(G_i \times T_{di})$$

（3）确定备选方案的重要性指标 H_i

将经济因素的重要性因子和非经济性因素的重要性因子按重要程度叠加，得到该备选场址的重要性指标 H_i：

$$H_i = M \times T_{ji} + N \times T_{fi}$$

（4）确定最优选址方案

H_i 最高者即为最佳方案。

例 9-2 某公司拟建一爆竹仓库，有三处备选场址方案 A、B、C，重要经济因素成本如表 9-2 所示，非经济因素主要考虑政策法规、气候和安全。就政策法规因素而言，A 方案最宽松，B 方案次之，C 方案最次；就气候因素而言，A、B 两个方案持平，C 方案次之；就安全因素而言，C 方案最好，B 方案次之，A 方案最差。据专家评估，三种非经济因素比重为：政策法规因素 0.5、气候因素 0.4、安全因素 0.1。要求用因次分析法确定最佳场址。

表 9-2 各方案的经济因素情况

经济因素	成本 / 万元		
	A 方案	B 方案	C 方案
原材料	300	260	285
劳动力	40	48	52
运输费	22	29	26
其他费用	8	17	12
总成本	370	354	375

解：（1）确定各方案经济性因素的重要性因子

$$\frac{1}{C_1} = \frac{1}{370} = 2.703 \times 10^{-3}$$

$$\frac{1}{C_2} = \frac{1}{354} = 2.825 \times 10^{-3}$$

$$\frac{1}{C_3} = \frac{1}{375} = 2.667 \times 10^{-3}$$

$$\sum_{i=1}^{3} \frac{1}{C_i} = 8.203 \times 10^{-3}$$

$$T_{j1} = \frac{\dfrac{1}{C_1}}{\sum\limits_{i=1}^{3} \dfrac{1}{C_i}} = \frac{2.703}{8.203} = 0.330$$

同理，$T_{j2} = \dfrac{2.825}{8.203} = 0.344$，$T_{j3} = \dfrac{2.667}{8.203} = 0.325$

（2）确定非经济因素的重要性因子 T_{fi}

政策法规因素、气候因素、安全因素比较分别见表 9-3～表 9-5。

表9-3　政策法规因素比较情况

备选场址	两两对比			比重和	T_d
	A—B	A—C	B—C		
A	1	1		2	2/3
B	0		1	1	1/3
C		0	0	0	0

表9-4　气候因素比较情况

备选场址	两两对比			比重和	T_d
	A—B	A—C	B—C		
A	1	1		2	2/4
B	1		1	2	2/4
C		0	0	0	0

表9-5　安全因素比较情况

备选场址	两两对比			比重和	T_d
	A—B	A—C	B—C		
A	0	0		0	0
B	1		0	1	1/3
C		1	1	2	2/3

各非经济因素 T_d 值汇总见表9-6。

表9-6　各非经济因素比较情况

因素	A 方案	B 方案	C 方案	权重
政策法规	2/3	1/3	0	0.5
气候	2/4	2/4	0	0.4
安全	0	1/3	2/3	0.1

（3）计算各方案中的非经济因素重要性因子 T_{fi}

$$T_{f1} = \frac{2}{3} \times 0.5 + \frac{2}{4} \times 0.4 + 0 \times 0.1 = 0.533$$

$$T_{f2} = \frac{1}{3} \times 0.5 + \frac{2}{4} \times 0.4 + \frac{1}{3} \times 0.1 = 0.4$$

$$T_{f3} = 0 \times 0.5 + 0 \times 0.4 + \frac{2}{3} \times 0.1 = 0.067$$

（4）计算总的重要性指标 H_i

$$H_i = M \times T_{ji} + N \times T_{fi}$$

假定经济因素与非经济因素同等重要，$M=N=0.5$，则

$$H_1=0.5 \times T_{j1}+0.5 \times T_{f1}=0.5 \times 0.330+0.5 \times 0.533=0.4315$$

$$H_2=0.5 \times T_{j2}+0.5 \times T_{f2}=0.5 \times 0.344+0.5 \times 0.4=0.372$$

$$H_3=0.5 \times T_{j3}+0.5 \times T_{f3}=0.5 \times 0.325+0.5 \times 0.067=0.2485$$

根据以上计算，A方案重要性指标最高，故选A方案作为仓库场址。

9.1.5 不同类型仓库选址时的注意事项

不同类型仓库在选址时，关注点往往不同。

（1）转运型仓库

转运型仓库大多经营倒装、转载或短期储存的周转类商品，因此一般应设置在城市边缘地区交通便利的地段，以方便转运和减少短途运输。

（2）储备型仓库

储备型仓库主要经营国家或所在地区的中、长期储备物品，因此一般应设置在城镇边缘或城市郊区的独立地段，并且应具备直接而方便的水陆运输条件。

（3）综合型仓库

综合型仓库经营的商品种类繁多，因此应根据商品类别和物流量选择在不同的地段。如与居民生活关系密切的生活型仓库，若物流量不大又没有环境污染问题，可选择接近服务对象的地段，但应具备方便的交通运输条件。

9.2 仓库布局规划

仓库布局是指在仓库内部和外部进行科学规划和总体设计的过程，以确定仓库内不同功能区域的位置、尺寸、结构、通道宽度、货物存储方式，以及设施设备的配置。其目的是优化仓库内部的工作流程，提高仓储效率，降低运营成本，确保货物存储的安全性和流通性，并能快速响应市场需求变化。

9.2.1 仓库布局的基本原则

仓库布局时应遵循如下基本原则。

①效率优先原则。仓库布局应以提高作业效率为核心目标，尽量减少无效劳动和物料搬运的距离，降低作业成本。为此，可以采用货物分区存储、优化货架排列、合理安排作业流程等措施。

②空间利用最大化原则。仓库空间是有限的，因此应充分利用每一寸空间，提

高仓库的存储能力。在布局时，可以考虑采用高层货架、立体存储等方式，同时合理划分功能区域，使空间利用更加合理。

③安全性原则。仓库布局必须考虑货物的安全和员工的作业安全。应设置防火、防盗、防水等设施，确保仓库的安全运行。同时，作业区域应保持良好的通风和照明，减少作业风险。

④可扩展性原则。仓库布局应具有一定的前瞻性，考虑未来可能的变化和扩展需求。在规划时，应预留一定的空间用于未来的扩展，避免因为空间不足而影响仓库的正常运作。

⑤便利性原则。仓库布局应便于员工操作和管理。作业流程应尽量简洁明了，方便员工快速熟悉和掌握。同时，应设置合理的作业通道和作业平台，减少员工的体力消耗和劳动强度。

⑥灵活性原则。仓库布局应具有一定的灵活性，能够适应不同客户的需求和业务变化。在规划时，应考虑到货物的多样性和不确定性，使仓库布局具有一定的可调整性。

9.2.2 仓库平面布局

9.2.2.1 仓库功能区域划分

根据仓库作业流程和管理需求，仓库内部可划分为不同的功能区域，以实现仓储物流的高效运作。以下是常见的仓库功能区域。

①收货区（receiving area），用于进货车辆的卸货，以进行货物的初步检查、清点和记录。通常设有卸货平台，配备相应的装卸设备。

②验货区（inspection area），用于新收到货物的质量检测和数量核对，以确保货物与采购订单相符且无损坏。

③暂存区（staging area or quarantine area），用于经过初步验收的货物的暂时存放，以待进一步处理，如详细盘点、贴标、录入系统等。

④存储区（storage area），根据货物特性、需求量、周转率等，分为静态存储区（如高层货架、托盘货架）和动态存储区（如拣选区附近的快速周转区域）。

⑤拣选区（picking area），便于拣选工人按照清单进行拣货操作，通常根据SKU的热门程度和体积大小进行区域细分。

⑥包装区（packaging area），用于组装、打包已拣选的货物，准备出库。通常

配有包装材料和打包设备。

⑦发货区（shipping area），用于已经包装好的货物的装车出库。通常设有装载平台，且与运输部门密切配合。

⑧办公区（office area），包括仓库管理人员办公室、员工休息室、会议室、培训教室等区域，支持日常管理和行政事务的开展。

⑨流通加工区（value-added services area），提供如组装、贴标、个性化包装等流通加工服务。

⑩退货区（return goods area），用于接收、处理退货和残次品，进行分类、检查、修复或销毁。

⑪安全设施和消防区（safety & fire protection area），包括消防通道、消防设备存放区、安全出口等，确保仓库符合安全和消防法规要求。

⑫IT设备区（IT equipment area），便于使用自动化设备和信息系统的仓库存放服务器、工作站、扫描仪、打印机等IT硬件。

9.2.2.2 仓库需求面积的确定

仓库总面积，指从仓库外墙线算起，整个围墙内所占的全部面积。若在墙外还有仓库的生活区、行政区或库外专用线，则应包括在总面积之内。

仓库建筑面积，指仓库内所有建筑物所占平面面积之和。若有多层建筑，则还应加上多层面积的累计数。仓库建筑面积包括生产性建筑面积（库房、货场、货棚等所占建筑面积之和），辅助生产性建筑面积（机修车间、车库、变电所等所占面积之和）和行政生活建筑面积（办公室、食堂、宿舍等所占面积之和）。

仓库使用面积，指仓库内可以用来存放商品的面积之和，即库房、货棚、货场的使用面积之和。

仓库有效面积，指在库房、货棚、货场内计划用来存放商品的面积之和。

仓库实用面积，指在仓库使用面积中，实际用来堆放商品所占的面积。

（1）已知货物最高储存量时

仓库实用面积可由下式计算得到：

$$S = \sum_i \frac{Q_i}{q_i}$$

式中，S——仓库实用面积（m²）；

Q_i——第 i 种货物的仓库最高储存量（吨）；

q_i——第 i 种货物的单位面积货物储存量（T/m^2）

仓库总面积的确定公式为：

$$F=\frac{S}{\lambda}$$

式中，F——仓库总面积（m^2）；

λ——仓库面积利用系数。

通常情况下，仓库面积利用系数 λ 的取值范围如下：货架为 0.25 ～ 0.30；堆存为 0.45 ～ 0.6；托盘堆存为 0.4 ～ 0.5；混合储存为 0.35 ～ 0.40。

（2）已知货物全年入库量时

仓库的实用面积可由下式计算得到：

$$S=\sum_i \frac{Q_i \times T_i}{q_i}$$

式中，Q_i——第 i 种货物的全年入库量（吨）；

q_i——第 i 种货物的单位面积货物储存量（T/m^2）；

T_i——第 i 种货物的平均储备期（年）；

仓库总面积也由 $F=\frac{S}{\lambda}$ 确定。

例 9-3　因储存需要建一个仓库，要求保证年物料入库量 1000 T，平均物料储备天数为 20 天，有效面积的平均荷重 1.2 T/m^2，仓库面积利用系数 0.4，需要建面积多大的仓库？

解： 根据已知条件，货物的全年入库量 $Q=1000$（T），货物的平均储备天数 $T=20$（天）$=\frac{20}{365}$（年），单位面积荷重 $q=1.2$（T/m^2），仓库面积利用系数为 $\lambda=0.4$，则

实用面积 $S=\dfrac{Q \times T}{q}=\dfrac{1000 \times \dfrac{20}{365}}{1.2}=45.66$（m^2）

总面积 $F=\dfrac{S}{\lambda}=\dfrac{45.66}{0.4}=114.15$（m^2）

因此，需要建面积为 114.15 m^2 的仓库。

例 9-4　某企业准备建一综合型仓库，其中就地堆码货物的最高储存量为 600 T，仓容物资储存定额为 3 T/m^2，上架存放货物的最高储存量为 90 T，货架长 10 m、宽 2 m、高 3 m，货架容积充满系数为 0.6，上架存放货物的单位质量为 200 kg/m^3，若面积利用系数为 0.4，则该仓库的设计有效面积应为多少 m^2？

解：根据已知条件，就地堆码货物的最高储存量 $Q_地$=600（T），其单位面积货物储存量 $q_地$=3（T/m^2），就地堆码所需要实用面积为 $S_地=\dfrac{Q_地}{q_地}=\dfrac{600}{3}=200$（m^2）

上架存放的货物最高储存量 $Q_架$=90（T）

每个货架存放货物重量 = 货架容积×单位容积存放货物重量×货架容积充满系数

$$=10×2×3×0.2×0.6$$

$$=7.2（T）$$

90 吨货物所需货架 =90/7.2=12.5（个），实际需要 13 个

13 个货架所需实用面积 =2×10×13=260（m^2）

在利用系数 λ=0.4 时，所需仓库设计有效面积 $F=\dfrac{S}{\lambda}=\dfrac{200+260}{0.4}=1150$（m^2）

9.2.2.3 作业动线设计

（1）作业动线设计的主要内容

仓库作业动线设计是优化仓库内部物流流程的关键步骤，旨在确保货物从入库到出库全程高效、有序、安全地流转。以下是仓库作业动线设计的主要内容。

①功能区域划分。根据仓库的作业流程，划分出收货区、验货区、暂存区、存储区（包括货架区和自动化立体仓库）、拣选区、打包区、发货区等，确保每个区域功能明确，互不干扰。

②单向流动设计。设计货物从入库到出库的单向流动路径，避免交叉作业，减少混乱和潜在的安全隐患。例如，货物从收货区进入，经过验货、存储、拣选、打包等一系列环节，最后在发货区出库。

③通道规划。依据仓库内部设备（如叉车、托盘车等）和作业人员的需求，合理规划主通道和副通道的宽度与走向，确保物流设备和人员的通行不受阻碍，同时满足消防通道和紧急疏散的需求。

④拣选路径优化。根据货物的种类、数量、周转率等因素，采用摘果式或播种式等拣选方式，并通过订单品项数量分析（entry–item–quantity analysis，EIQ），对库存单元、订单量、订单品项数和订单频率等进行分析，优化拣选员的行走路径，减少无效搬运和行走距离。

⑤物流设备布局。根据作业动线，布置合适的物流设备，如自动化立体仓库系统、穿梭车、输送线、自动拣选系统等，以提高作业效率。

⑥安全设施设置。在关键作业区域和动线交汇处设置安全警示标志，确保消防设施、急救设备等易于到达，避免安全隐患。

⑦信息系统集成。仓库作业动线设计应与WMS、运输管理系统（transportation management system，TMS）等信息系统紧密配合，实现对作业流程的实时监控和管理，从而进一步优化动线设计。

（2）仓库常见的动线类型

仓库常见的动线类型主要包括以下几种。

①U形动线的仓库通常在仓库一侧设有相邻的进货和收货月台，货物从一个入口进入，经过验收入库、存储、拣选、包装等一系列工序后，从同一侧的另一个出口发出（见图9-2）。这种动线设计的优点在于能有效利用码头资源，易于控制和安全防范，同时具备空间扩展的灵活性。

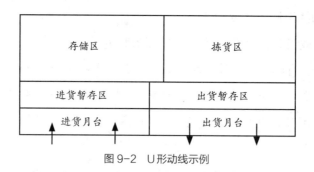

图9-2　U形动线示例

②I形动线，又称直线形动线，特点是货物沿着仓库的一条主线进行入库、存储、拣选和出库（见图9-3）。这种动线设计简单明了，便于管理，但如果仓库较长，可能会导致拣选路程增加，效率相对较低。

图9-3　I形动线示例

③在L形动线中，入库区位于L形的一边，货物首先在这个区域进行卸载、验收、登记和初步处理；存储区沿着L形的长边延伸，货物在此区域被分类、编码并

放入指定的货架或仓位进行存储，拣选区位于L形的短边，与存储区相连，拣选人员根据订单需求从存储区取出货物，进行拣选作业；打包区和出库区紧邻拣选区，拣选完毕的货物在这里进行打包、复核、装箱，然后转移到出库区，准备装载和发送（见图9-4）。L形动线适用于需要快速响应或处理不同类型货物的仓库，可以快速处理高频交易的货物，同时还能独立处理其他货物，分离"快流"和"慢流"，提高整体效率。

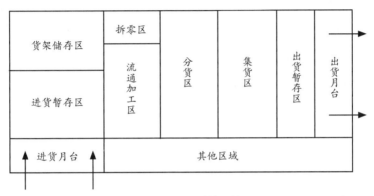

图9-4 L形动线示例

④S形动线，是指仓库内货物运动轨迹呈S形或环绕状（见图9-5），这种布局能够更紧凑地利用空间，但相对于U形或I形动线，可能会增加拣选人员的行走距离。

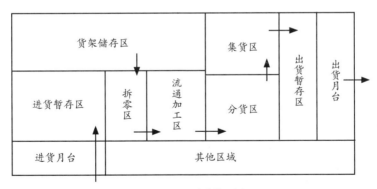

图9-5 S形动线示例

⑤混合型动线，常见于大型或复杂仓库中，是结合上述几种动线的特点，设计出的适合自身业务需求的动线，以适应不同的存储需求、进出货频率和作业模式。

9.2.2.4 平面布局的常见方法

仓库平面布局的常见方法主要包括以下几种。

（1）流程导向法

流程导向法的核心思想是根据仓库作业流程的自然流向，将仓库内部的功能区域按照货物从入库到出库的顺序进行合理布局，以实现货物的单向、连续流动，降低物流成本，提高作业效率。以下是使用流程导向法进行仓库平面布局的基本步骤。

①分析作业流程。详细分析仓库的日常作业流程，包括货物的接收、验收、存储、拣选、打包、出库等各环节。

②识别功能区域。根据作业流程，识别出仓库内所需的不同功能区域，如收货区、验货区、存储区（静态存储与动态存储）、拣选区、打包区、出货区等。

③规划动线。根据作业流程的先后顺序，规划出货物从入库到出库的连续路径，这条路径应尽量避免交叉和回流，确保货物能够顺畅地从一个作业环节流向下一个作业环节。

④布局设计。设计仓库平面布局时，确保各个功能区域沿着规划好的动线依次排列，如收货区靠近仓库入口，而出货区靠近仓库出口，存储区和拣选区位于两者之间。

⑤优化通道与空间。合理规划通道宽度和转弯半径，确保物流设备（如叉车、手推车）能顺畅通行，同时适当扩大高频作业区域的空间，缩小低频作业区域的空间。

⑥考虑未来变化。在布局设计时，还要考虑未来业务量的增长或变化可能性，预留一定的扩展空间，使布局具有一定的灵活性和适应性。

使用流程导向法进行仓库平面布局，可以减少无效搬运，减少等待时间，提高空间利用率，降低运营成本，同时也能够促进仓库内部的标准化作业，提升整体运营效率。

（2）动线分析法

仓库平面布局的动线分析法是一种基于仓库内部物流流程，通过分析货物和人员的移动路径，优化仓库内部空间结构和设施布局的方法，旨在提高作业效率，减少无效搬运，确保作业流程顺畅。以下是使用动线分析法进行仓库平面布局的基本步骤。

①梳理作业流程。详细梳理仓库的作业流程，包括货物从入库、验货、存储、拣选、包装到出库的整个过程，识别各个环节的关键动作和移动路径。

②绘制初始动线图。根据作业流程，绘制出货物和人员在仓库内的初始移动路

线图，包括货物的搬运路线和人员的操作路线。

③评估现有动线。分析现有动线是否存在冗余、交叉、回流等问题，以及动线长度、拐角数量、通道宽度等是否合理，评估其对作业效率、安全性及能耗的影响。

④优化动线设计。通过改变设施布局、调整通道宽度、优化货物存储位置等措施，重新设计动线，力求实现单向、连续、高效的货物流动，减少搬运距离和时间。

⑤模拟验证。使用仓库模拟软件，模拟新的动线设计在实际操作中的运行情况，验证动线优化的效果，如有必要，再次进行调整优化。

⑥考虑特殊需求。在设计动线时，还需要考虑消防通道、安全出口、特殊设备（如升降机、自动化立体仓库等）的布局，以及未来业务增长和变更的适应性。

⑦实施与调整。根据优化后的动线布局方案进行设施改造和调整，实际投入使用后，持续收集数据和反馈，对动线进行微调，以适应不断变化的业务需求。

（3）模拟仿真法

仓库平面布局的模拟仿真法是一种应用计算机模拟技术来预先测试和优化仓库实际布局设计的方法。这种方法利用专门的仓库模拟软件（如Flexsim、AnyLogic、Warehouse Simulations Pro、AutoMod等），构建仓库设施和作业流程的三维模型，通过模拟现实世界中的各种场景和变量，来预测和分析不同布局策略对仓库运营效率、成本、员工生产力和客户服务效果的影响。以下是使用模拟仿真法进行仓库平面布局设计的基本步骤。

①需求分析。确定仓库的目标、功能、存储需求、吞吐量、作业模式以及预期的服务水平等关键指标。

②数据收集。收集货物种类、尺寸、重量、周转率、进出库频率等数据，以及人力资源配置、设备性能参数等相关信息。

③模型构建。使用模拟软件创建仓库及其内部所有元素的三维模型，包括货架、叉车通道、拣选区、打包区、出入口等区域，以及相应的物流设备和工作人员。

④逻辑定义。设定仓库内各环节的作业流程逻辑，例如货物接收、存储、拣选、打包、装载等操作规则，以及物料搬运设备的运动规律。

⑤参数设定。设置模拟实验的参数，如作业时间分布、设备效率、订单类型和

数量等，以反映实际情况。

⑥仿真运行。运行模拟程序，观察模拟系统在给定条件下的表现，记录和分析各项关键绩效指标，如作业周期时间、库存周转率、设备利用率、劳动力需求等。

⑦结果评估与优化。根据仿真结果评估不同的仓库布局方案，找出瓶颈、闲置资源和潜在改进点，反复修改和优化布局设计，直至达到预定目标。

⑧决策支持。依据模拟仿真结果做出科学合理的布局决策，指导实际仓库的设计、建设和改造工作。

通过模拟仿真法，设计师能够在虚拟环境中试验多种布局方案而无须付出实际建设的成本，从而找到最优解，降低风险，提高仓库的整体运营效能。模拟仿真法常结合流程导向法、动线分析法等进行平面布局规划。

9.3 存储区规划

存储区规划包括存储区域划分、存储区域布置与货物堆码方式等三方面内容。

9.3.1 存储区域划分

不同的存储区域，其单位面积的货物存储量不同；不同类型的存储区，其保管养护方法可能不同；不同位置、不同作业方式的存储区，其分拣搬运成本也不同。因此，有必要进行存储区域的划分。以下是存储区域划分的一些常见方式。

（1）按货物种类划分

同类产品集中存放，便于管理、拣选和盘点，例如划分食品存储区、家电存储区、服装存储区等。

（2）按货物特性划分

根据货物的物理、化学特性或存储要求划分，如常温存储区、冷藏存储区、冷冻存储区、防潮存储区、防静电存储区、危险品存储区等。

（3）按周转率划分

使用ABC分类法，将货物分为高周转（A类）、中等周转（B类）和低周转（C类）货物，分别安排在快速拣选区、常规存储区和深库存区。

（4）按存储方式划分

按存储方式不同，可划分托盘存储区、货架存储区、自动化立体仓库区等。其中，托盘存储区适用于大件、大批量货物的存储，货架存储区适用于中小件、品种繁多的货物，自动化立体仓库区采用自动化存取系统，提高存储密度和拣选效率。

（5）按库存状态划分

按库存状态可划分待检区、库存区、待检区、报废区。待检区用于存放新入库尚未完成检验的货物，库存区存放已完成检验并正式计入库存的货物，报废区存放需要报废或处理的不良品和过期货物。

9.3.2 存储区域布置

存储区域的布置方法主要包括横列式布置法、纵列式布置法和倾斜式布置法。

（1）横列式布置法

在横列式布置（row stacking）中，货架或货垛的长度方向与仓库的侧墙保持垂直，形成一系列并排的横列（见图9-6）。

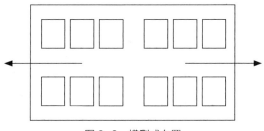

图9-6　横列式布置

这种方式通常用于传统的仓库布局，通道宽阔，便于大型机械（如叉车）的进出和操作。横列式布置法的优点是方便叉车的直行作业，减少了转弯次数，提高了作业效率。但它可能牺牲了一定的存储密度，因为需要保留较大的通道空间。

（2）纵列式布置法

在纵列式布置（column stacking）中，货架或货垛的长度方向与仓库的侧墙平行（见图9-7）。

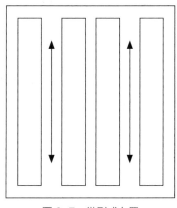

图9-7　纵列式布置

这种布置方式尤其适用于狭长型仓库，通过将货架或货物堆垛沿仓库的纵向排列，可以最大限度地利用仓库的纵深空间，提高存储密度。然而，纵列式布置可能导致叉车等物流设备需要频繁转弯，增加了作业时间和难度。

（3）倾斜式布置法

倾斜式布置（angle stacking）法是指货架或货垛与仓库的侧墙或主通道呈一定角度（通常是30°、45°或60°，见图9-8）。

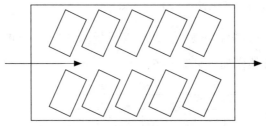

图9-8　倾斜式布置

这种布置方式结合了横列式和纵列式的优点，一方面可以减少叉车的转弯次数，另一方面可以增加存储深度，提高存储效率。倾斜式布置法通常适用于场地受限、希望通过优化空间布局来提高存储能力的情况，但在实际应用中，需要考虑这种布局可能对拣选作业和物流设备操作带来的复杂性。

每种布置方法均有其适用场景和优劣势，仓库管理者需要根据仓库的具体尺寸、货物特性、出入库频率、物流设备类型等因素综合考虑，制订出最适宜的存储区域布置方案。

9.3.3 货物堆码方式

货物堆码方式是指在仓库或其他存储空间中，将货物合理、安全、高效地堆积起来，以优化存储空间利用率和方便货物存取。以下列举一些常见的货物堆码方式。

（1）重叠堆码

重叠堆码（stacking）也称直堆或垂直堆码，是最基本的堆码方式，适用于纸箱、托盘等包装货物，将货物一层层垂直堆叠起来，见图9-9。

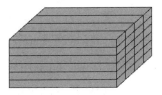

图 9-9　重叠堆码

（2）纵横交错式堆码

每层货物的方向与上一层或下一层货物呈 90° 交错摆放，以增加堆垛的稳定性，见图 9-10。该方法稳定性较强，但操作不便。

图 9-10　纵横交错式堆码

（3）仰伏相间式堆码

对上下两面有大小差别或凹凸的物品，如槽钢、钢轨等，可以将物品仰放一层再伏放一层，采用仰伏相向相扣的方式堆垛，见图 9-11。该垛形极为稳定，但操作不便。

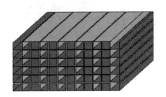

图 9-11　仰伏相间式堆码

（4）压缝式堆码

压缝式堆码，是指将底层物品并排摆放，上层物品放在下层两件物品之间的堆码方式，见图 9-12。

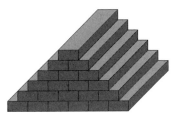

图 9-12　压缝式堆码

（5）通风式堆码

通风式堆码，是指物品在堆码时，任意两件相邻的物品之间都留有空隙，以便通风，见图9-13。该种堆码方式的层与层之间采用压缝式或者纵横交错式的码法。通风式堆码可用于所有箱装、桶装及裸装物品的堆码，起到通风防潮、散湿散热的作用。

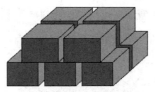

图9-13　通风式堆码

（6）栽柱式堆码

码放物品前先在堆垛两侧栽上木桩或者铁棒，然后将物品平码在桩柱之间，码放几层后用铁丝将相对两边的柱拴连，再往上摆放物品的方法叫作栽柱式堆码，见图9-14。此码法适用于棒材、管材等长条状物品。

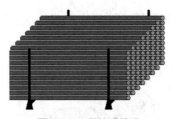

图9-14　栽柱式堆码

（7）衬垫式堆码

衬垫式堆码是指在码垛时，隔层或隔几层铺放衬垫物，衬垫物平整牢靠后再往上码放货物。该方法适用于形状不规则且较重的物品，如无包装电机、水泵等。

（8）宝塔式堆码

宝塔式堆码是指在码垛时，每堆一层相应地减少货物，直到减至不能继续堆放。这样的堆码方式比较牢固，稳定性较高。

（9）货架式堆码

利用货架系统进行货物堆码，包括横梁式货架、驶入式货架、阁楼式货架、自动化立体仓库等多种形式，能够有效提高仓库空间利用率和拣选效率。

（10）栈板堆码

栈板堆码是指所有货物均以托盘为单位进行堆码，托盘上的货物统一规格，便于机械化操作。

（11）特殊货物堆码

对于特殊形状、重量、体积或特殊存储要求的货物，可能需要定制特殊的堆码方式，如滚动圆筒货物的堆码、大型设备的堆码等。堆码方式的选择需要结合货物特性、存储空间、作业设备、安全要求等因素综合考虑，确保货物安全、保护货物品质、提高存储效率、降低物流成本。

9.4　仓储设备规划

下面讨论仓储设备的选择原则、仓储设备规划应考虑的因素，以及仓储设备规划的主要内容。

9.4.1　仓储设备的选择原则

仓储设备种类多、数量大，占用的资金也较多。因此，仓储设备的选择和配置应尤为慎重，既要满足仓储需要，又要考虑经济效益，还要考虑仓储设备的寿命等。选择仓储设备应遵循以下原则。

（1）适应性原则

根据仓库的业务需求以及存储货物的类型、尺寸、重量、包装方式和周转率等因素，选择具有对应功能的仓储设备。例如，对于体积较小、周转频繁的货物，可以选择便于快速拣选的搁板货架；而对于体积较大、重量较重的货物，则可能需要选择重型横梁货架或驶入式货架。

（2）效率优化原则

设备选择应有利于提高仓库作业效率，减少无效搬运和等待时间。例如，通过合理的货架布局和拣选路径设计，以及引入自动化或半自动化设备，如穿梭车、自动化立体仓库等，大幅提高拣选和存储效率。

（3）空间利用率原则

选择能够最大化利用仓库空间的设备，如高层货架、密集存储系统等，确保在有限的空间内存储更多的货物。

（4）成本效益原则

在满足功能性和效率的前提下，考虑设备的投资成本、运营成本及维护成本，寻求最佳性价比。设备生命周期内的总成本应与预期的经济效益相匹配。

（5）安全性原则

所选设备必须符合国家和行业的安全标准，确保仓库作业过程中的人员安全和货物安全。例如，设备的结构稳定、负载能力充足，以及消防设施完备等。

（6）兼容性与扩展性原则

仓储设备应能与现有的仓库管理系统和物流系统兼容，支持信息系统的整合和升级。同时，设备设计应具有一定的扩展性，以适应未来业务发展的需求。

（7）环保与可持续性原则

在选择仓储设备时，也要考虑其对环境的影响，选择节能环保、使用寿命长、易于回收利用的产品，符合绿色仓储的发展趋势。

9.4.2 仓储设备规划应考虑的因素

仓储设备规划中应考虑如下因素。

（1）存储需求

考虑货物种类、尺寸、重量、包装方式、存储要求（如温度、湿度、防尘、防潮等）。根据货物周转率和出入库频率，区分快流和慢流货物，采用不同的存储方式和设备。

（2）作业流程

考虑收货、验货、存储、拣选、包装、出库等全流程作业特点和要求。根据作业效率目标和作业人员技能水平，选择能简化操作、提高效率的设备。

（3）空间利用率

根据仓库建筑结构、空间大小、高度，优化货架布局和存储设备选择，以提高空间利用率。

（4）成本效益分析

考虑包括设备购置、运营（能源消耗、维护费用等）等成本以及预期的投资回报周期。考虑设备的寿命和可扩展性，以及对未来业务增长的适应性。

（5）作业安全性

设备必须符合安全标准，包括设备自身的稳定性、防火防爆性能以及人员操作安全。考虑仓库内的消防设施、逃生通道、安全标识等配套措施。

（6）自动化与信息化水平

根据自动化与信息化水平决定是否需要引入自动化存储设备（如自动化立体仓库系统、穿梭车系统等）以提高作业效率。设备要能与WMS、ERP系统等信息化平台对接，实现数据实时共享和流程自动化。

（7）环保与可持续性

分析设备材料的环保性，考虑设备在整个生命周期内的环境影响。考虑设备节能、减排和循环利用的特点。

（8）法律法规要求

遵守国家和地区有关仓储设备的标准、规范和法律法规，尤其是对于特殊货物（如危险品、冷链商品）的存储设备要求。

9.4.3　仓储设备规划的主要内容

仓储设备规划是一个全面而复杂的过程，需结合企业的业务需求、资金投入、技术水平、物流效率等因素，综合评估并设计一套最符合实际需求的仓储设备配置方案。

（1）存储设备规划

存储设备规划主要包括如下内容。

①货架系统的选择与规划。根据货物的尺寸、重量、包装形式及出入库频率，选择合适的货架类型，如横梁式货架、驶入式货架、阁楼货架、自动化立体仓库等。设计合理的货架布局和层数，优化拣选路径，减少搬运距离和时间。

②托盘及存储容器规划。确定合适的托盘规格和材质，考虑其耐用性、承载力和通用性。根据货物特性选择合适的存储容器，如塑料箱、周转箱、料箱等，以提高存储和搬运效率。

③自动化存储系统规划。对于大型、高密度存储需求，可以考虑引入自动化立体仓库系统、穿梭车系统、自动化货柜等高级存储设备，实现自动化存取和搬运。

（2）搬运设备规划

搬运设备规划主要包括如下内容。

①叉车及附属设备规划。根据仓库结构、货物特性及作业需求，选择手动叉车、电动叉车、高位叉车、前移式叉车等，并考虑相关的附件，如铲头、抱夹、吊臂等。

②输送系统规划。设计合理的输送线布局，包括皮带输送机、滚筒输送机、链条输送机等，以提高货物在仓库内的传输效率。

③自动化搬运设备。考虑引入AGV、穿梭车、堆垛机等自动化搬运设备，以提高仓储自动化水平。

（3）拣选与分拣设备规划

拣选与分拣设备规划主要包括如下内容。

①拣选系统规划。设计适合的拣选方式，如人工拣选、语音拣选、电子标签辅助拣选、灯光拣选等，并配置相应的拣选工具和设备。

②分拣系统规划。规划高效的分拣线和自动分拣机，确保订单履行的速度和准确性。

（4）包装与装运设备规划

包装与装运设备规划主要包括如下内容。

①包装设备规划。考虑引进打包机、封箱机、缠绕膜机等包装设备，提高包装效率和商品防护等级。

②装卸平台与登车桥规划。设计合适的装卸平台和登车桥，便于货物的快速装卸。

（5）信息化设备与系统规划

信息化设备与系统规划主要包括如下内容。

①仓储管理系统规划。配置合适的仓储管理系统，实现库存实时管理、订单处理、作业调度等功能。

②数据采集设备。配置合适的采集设备，如RFID读写设备、条形码扫描枪、移动终端等，实现货物信息的快速获取和处理。

③物流控制系统。考虑引入自动化仓库控制系统（warehouse control system，WCS）及其他智能物流系统，实现仓储设备的自动化协调与控制。

（6）安全与防护设施规划

安全与防护设施规划主要包括如下内容。

①安全设备规划。规划消防设施、安全防护栏、防撞设施、安全警告标识等设施，确保仓库作业安全。

②环境控制设施。规划温湿度控制系统、防尘防潮设施等，确保符合特殊货物的存储环境要求。

（7）未来扩展与升级规划

考虑未来业务发展，预留足够的空间和接口，方便仓储设备的更新升级和功能扩展。

课后思考题

1.为什么仓库选址很重要？

2.仓库选址应考虑哪些因素？

3.如何利用重心法进行选址？请简述其计算过程。

4.用重心法得到最优选址方案，却由于种种原因不可用时，是否意味着应直接放弃该选址方案？

5.简述如何利用加权因素法进行仓库选址。

6.简述如何利用因次分析法进行仓库选址。

7.仓库布局时应遵循哪些基本原则？

8.已知货物最高储存量时，如何计算仓库实用面积？

9.已知货物全年入库量时，如何计算仓库实用面积？

10.仓库作业动线设计的主要内容有哪些？

11.仓库常见的作业动线有哪几类？

12.简述利用流程导向法进行仓库平面布局的基本步骤

13.简述利用动线分析法进行仓库平面布局的基本步骤。

14.仓储设备规划应考虑哪些因素？

本章课件

第 10 章
仓储与库存管理的绩效评估

　　本章主要讨论仓储绩效指标与库存管理绩效指标，以及绩效的实时监控、数据采集、分析与展示、自动预警等。

10.1 仓储绩效指标

仓储绩效是衡量仓库运营效率、服务质量和成本控制等方面表现的指标集合。那么，仓储绩效评价包括哪些维度？常见的仓储绩效评价方法有哪些？

10.1.1 仓储绩效评价指标体系

仓储绩效评价通常涉及多个维度，包括但不限于以下几点。

（1）效率指标

对仓储进行绩效评价时，常见的效率指标如下。

①货物周转率，衡量一定时期内库存总量与销售总额的关系，反映了库存的周转速度和流动性。较高的货物周转率表明库存管理效率较高。

②拣选效率，指每单位时间拣选员完成的订单量或拣选的货位数，可以通过平均每小时拣选订单数或拣选货物总数来衡量。

③存储利用率，指仓库总面积中实际用于存储货物的区域占比，以及货架、托盘等存储设施的实际使用率。

④作业时间效率，包括货物搬运、上架、拣选、包装、出库等各个环节的作业时间，反映作业流程的优化水平。

⑤站台利用率，用于衡量仓库装卸区的有效使用程度，包括车辆等待时间、停靠时间、装卸作业效率等。

⑥设备使用率，包括叉车、托盘车、输送机等物流设备的使用效率。

（2）服务质量指标

常见的服务质量指标如下。

①订单准确率，指仓库实际配送的产品与客户订单要求的产品完全一致的比例，反映出仓库拣选和发货的准确性。

②订单履行时间，指订单从接收到完全履行所需的时间，包括处理、拣选、包装和出库等环节。快速的订单履行时间可以提高客户满意度。

③订单准时率，指订单准时送达客户的比例，体现了仓库对交货时间承诺的兑现程度。

④缺货率，指仓库不能按照客户订单要求提供所需商品的次数或比例，低缺货率意味着良好的库存管理水平和较高的服务水平。

⑤退货处理效率，指从客户申请退货到退货处理完毕的时间，以及退货处理的

正确性和公平性，关系到售后服务的质量。

⑥客户服务响应时间，指对于客户咨询、投诉或异常情况的响应速度，体现了仓库客户服务团队的响应能力。

⑦客户满意度，指通过客户满意度调查或评分系统，直接了解客户对仓库服务的满意程度，是评估服务质量最直观的指标。

⑧紧急订单处理能力，指在面对突发性、紧急性订单时，仓库能否快速响应并及时处理。

（3）成本控制指标

常见的成本控制指标如下。

①库存持有成本，包括库存资金占用成本（如利息）、存储成本（如租金、保险、维护费）、货物损坏和损耗成本、库存过期损失等。

②订单处理成本，指每处理一个订单所需的直接和间接成本，包括人工、设备折旧、能源消耗、包装材料等。

③拣选成本，包括拣选人员工资、拣选设备的使用和维护成本、拣选错误导致的返工成本等。

（4）安全与环境指标

常见的安全与环境指标如下。

①事故率与工伤率，指仓库内发生的安全事故次数，以及由此导致的工伤人数，降低这两个比率可体现仓库安全管理的成效。

②消防与安全设施完备度，指仓库是否配备齐全的消防设施（如灭火器、消防栓、烟雾报警系统等），并定期进行维护和检查，确保在紧急情况下能正常发挥作用。

③安全培训覆盖率与效果，指接受安全培训的员工人数及培训后员工在实际操作中的安全行为改进情况。

④违章操作与违规事件，指仓库内违章操作和违反安全规定的事件，如未经许可擅自操作设备、超载存储等。降低此类事件的发生率是提升仓储安全的重要手段。

⑤环境保护指标，包括废弃物处理、有害物质排放控制、节能降耗措施的实施情况，如废弃物回收率、能源消耗指标、碳排放量等。

⑥仓储环境舒适度，考察仓库内的温度、湿度、光照、空气质量等环境因素，

以在确保货物安全储存的同时，也为员工提供良好的工作环境。

⑦职业健康与安全管理体系认证，指 ISO 45001 等国际或国内职业健康与安全管理体系的认证情况，体现仓库在安全管理上的规范化程度。

通过以上各类指标的监测和分析，仓储管理人员可以深入了解仓库运营的优劣势，并据此制定改进措施，优化仓库作业流程，提高仓储绩效。此外，很多企业还会运用关键绩效指标系统，结合仓库管理软件和数据分析工具，持续跟踪和评估仓储绩效，驱动仓库管理的持续改善和优化。

10.1.2 仓储绩效评价方法

仓储绩效评价方法是通过一系列量化指标以及分析工具，对仓库运营效率、成本控制、服务质量、安全环保等方面进行全面评估的方法。以下是几种常见的仓储绩效评价方法。

①KPI 法，指通过制定一系列关键绩效指标，如库存周转率、订单准确率、存货准确率、库存持有成本、订单处理时间等，来衡量仓储业务运营效率和效果的方法。

②平衡计分卡法，指通过从财务、客户、内部流程、学习与成长四个维度对仓储绩效进行评价的方法，如从财务角度评估库存成本和收益，从客户角度考虑客户满意度和订单履行速度，从内部流程看库存管理效率和拣选准确度，从学习与成长角度看员工培训和流程改进。

③数据分析法，指利用仓储管理系统中的数据，进行库存数据分析、ABC 分析、EOQ 分析的方法，通过量化的方式评估库存控制的有效性、物料周转速度、空间利用率等。

④对标管理法，指与行业内先进的仓储管理模式和绩效指标进行对比，找出差距并借鉴最佳实践，制订改进计划，以提升自身仓储绩效的方法。

⑤内部审计与评审法，指定期进行内部审计，包括对仓储作业流程、库存管理、安全环保措施等进行核查，通过评审发现问题并推动改进的方法。

在评价仓储绩效时，既要考虑短期的效率提升，又要兼顾长期的战略目标，确保评价方法既能反映当前现状，又能引导未来发展。通过持续改进和优化，可以提升仓库运营效率，降低成本，提高服务水平，确保安全环保，实现仓储绩效的全面提升。

10.2 库存管理绩效指标

库存管理绩效是对企业库存管理水平、效率以及成本控制能力的综合评价。下面讨论库存管理绩效的评价指标体系与评价方法。

10.2.1 库存管理绩效评价指标体系

以下是一些关键的库存管理绩效指标。

①库存周转率（inventory turnover ratio），衡量一定时期内库存周转的次数，反映了库存的流动性。高周转率意味着企业能更有效地利用库存资金，降低库存持有成本。

②库存持有成本（inventory carrying cost），包括库存占压资金的机会成本、存储成本、保险费用、损耗费用等。理想的库存管理应努力降低这部分成本。

③库存准确率（inventory accuracy），反映实际库存数量与系统记录的库存数量的差异。高准确率代表库存管理严谨，有助于降低运营风险和提高客户满意度。

④订单满足率（order fill rate），指企业能够按照客户订单要求准确及时地提供所需商品的比例，反映了库存管理满足市场需求的能力。

⑤缺货率（out-of-stock rate），指企业在一定时期内因库存不足而导致无法满足客户订单需求的次数或比例。

⑥库存天数（days sales of inventory, DSI），表示企业库存能支撑销售活动的天数。该数值越小表示库存周转速度越快，资金周转效率越高。

⑦补货周期（reorder point and lead time），指企业根据库存水平、销量和供应商供货周期等因素确定的最佳补货时机和补货量，优化补货周期可以降低缺货风险和库存积压风险。

⑧ABC分析法应用效果，指通过ABC分类对库存进行优先级排序，并根据分类结果调整库存策略，查看A类、B类和C类商品的管理效率是否有所提升。

10.2.2 库存管理绩效评价方法

库存管理绩效评价是一个系统的过程，主要包括以下步骤。

①设定评价目标与指标。确定评价库存管理绩效的核心目标，如提高库存周转率、降低库存持有成本、提升订单满足率等。设定具体的库存管理绩效指标，如库存周转率、库存准确率、订单满足率、缺货率、库存持有成本、补货周期等。

②数据收集与整理。收集与库存管理相关的数据，包括库存进出记录、订单处理记录、盘点数据、成本记录等。整理并清洗数据，确保数据的准确性和完整性。

③计算与分析指标。根据设定的指标计算各项数据，如计算库存周转率、库存准确率、订单满足率等具体数值，对计算结果进行深入分析，识别库存管理的优势与不足，找出问题所在。

④对比基准与目标。将实际绩效指标与行业基准、历史数据或企业内部设定的目标进行比较，判断库存管理的相对水平和进步情况。

⑤找出问题与原因。分析偏离目标值的原因，可能是库存预测不准、补货策略不当、库存控制流程不畅等。进一步通过因果分析、鱼骨图等工具，深入剖析产生问题的根本原因。

⑥制订改进计划。根据分析结果，制定有针对性的改进措施和策略，比如优化库存策略、改进预测模型、调整补货点等，设定改进目标和时间节点，并确保改进措施落实到位。

⑦执行改进计划并跟踪效果。执行改进计划，监控改进措施的实施效果，定期重新计算和分析库存管理绩效指标。对改进后的绩效数据进行对比分析，评估改进措施的实际效果。

⑧持续优化与反馈。根据改进效果反馈，对库存管理绩效评价过程进行持续优化，形成闭环管理。将成功的经验和失败的教训纳入库存管理的知识库，不断提升库存管理水平。

10.3 仓储与库存管理绩效评估的数智化

随着数字化和智能化技术的飞速发展，仓储与库存管理的绩效评估正经历着深刻的变革。数智化仓储与库存管理绩效评估是指运用大数据分析、云计算、物联网、人工智能等技术手段，对仓储作业流程、库存控制、空间利用率、订单处理效率、库存成本控制等关键绩效指标进行实时、精确、动态的监测与分析，从而实现对仓储与库存管理绩效的全面、客观评估，并基于此进行智能化决策与优化。

10.3.1 绩效指标的实时监控与数据采集

实时监控与数据采集技术是指利用物联网传感器和RFID技术，实时追踪和记录库存动态，实现库存数据的实时更新和透明化管理。

10.3.1.1 实时监控与数据采集技术的实施方式

实时监控与数据采集技术的具体实施方式如下。

①利用物联网技术实现绩效指标的实时监控。使用物联网传感器（如RFID标签、条形码扫描仪、无线传感器网络等）实时追踪货物在仓库内的位置、状态和移动轨迹，实时更新库存信息。

②通过先进的WMS，实时记录与更新入库、出库、库存调拨、盘点等各种仓储活动数据，实现库存数据的准确、实时管理。

③智能设备自动上传作业数据。自动化立体仓库系统、自动化拣选系统、AGV等智能设备会自动上传作业数据，如拣选时间、上架时间、货位占用情况等，这些数据可用于评估作业效率和空间利用率。

④仓储管理系统与订单、供应链管理系统集成。与订单管理系统、供应链管理系统等其他企业管理软件集成，实时同步订单信息、采购信息、销售信息，从而对库存需求和供应情况进行实时监控。

10.3.1.2 实时监控与数据采集技术的作用

实时监控与数据采集技术对于绩效评估的改进作用主要表现在以下几个方面。

（1）及时性提升

实时监控意味着库存数据可以做到实时更新，无论是货物的进出库、库存数量变化还是存储位置调整，都能够立即反映到管理系统中，避免了传统人工记录导致的信息滞后问题。通过实时监控，管理者能够迅速获知库存水平、订单履行状况、作业流程效率等关键信息，有助于快速响应市场变化和内部运营需求。

（2）准确性提高

数据采集自动化减少了人为错误，如手动录入的疏漏或误报，确保库存记录精确无误，进而使得基于库存数据计算出的绩效指标更为可靠。RFID、条形码、传感器等技术可以精准追踪每一件商品从入库到出库的全生命周期，提供了详尽、准确的库存活动记录，便于深入分析和绩效评估。

（3）精细化管理

通过实时收集和分析库存周转率、缺货率、订单满足率、库存持有成本等关键绩效指标，管理者能深入了解库存管理的各个环节表现，对薄弱环节进行有针对性的改善。高效的数据采集还可以支持实时分析，比如预测未来的库存需求、优化补货策略以及减少过度库存带来的资金占用成本。

（4）决策支持

实时数据为决策者提供了依据，使他们能够基于最新的实际情况制定或调整库存策略，比如及时调整采购计划、优化存储布局、改进拣选策略等。

10.3.2 数据分析与数据可视化展示

通过大数据分析工具，对海量的库存和作业数据进行深度挖掘和关联分析，提取出诸如库存周转率、订单准确率、库存持有成本、缺货率等关键绩效指标，并通过可视化工具进行呈现，便于管理层快速理解并决策。

（1）深度挖掘和洞察能力

利用大数据技术，对海量的仓储数据进行收集、整合和深度分析，包括库存状态、进出库频率、订单处理时间、设备使用情况、人工效率等多维数据，从中提炼出有价值的信息和模式。

（2）智能预测与优化

通过机器学习和人工智能算法，基于历史数据构建预测模型，预测未来的库存需求、销售趋势、库存周转率等关键指标，进而优化库存策略、补货计划和仓储布局。

（3）关联分析与问题诊断

发现并分析不同业务环节间的内在关联性，如库存水平与销售波动、补货周期与缺货概率之间的关系，快速诊断并解决仓储管理中的瓶颈和问题。

（4）动态仪表板展示

构建互动性强、信息丰富的数据仪表板，通过折线图、柱状图、饼图、仪表盘等可视化工具，实时展示仓储关键绩效指标，如库存周转率、订单准确率、空间利用率等，使管理者能够一目了然地掌握仓储运营状况。

（5）空间热力图与 3D 可视化

通过热力图直观呈现仓库内各区域的存储压力和活跃程度，甚至利用 3D 建模或虚拟现实（virtual reality，VR）技术，实现仓储环境的三维可视化，帮助管理者更精准地评估和优化空间分配。

（6）流程图与流向可视化

运用流程图直观展示仓库操作流程，分析各环节的时间成本和效率，通过流向可视化来展现库存从入库到出库的完整过程，揭示潜在的效率提升点。

10.3.3 自动预警

仓储与库存管理绩效数智化评估的自动预警功能，是通过对实时监控的数据的智能分析，结合机器学习和人工智能算法，对库存需求、市场趋势、季节性波动等因素进行预测，实现安全库存阈值的动态调整和库存异常情况的智能预警。以下是自动预警在仓储绩效数智化管理中的应用示例。

（1）库存预警

当某个SKU的库存量低于预先设定的安全库存水平时，系统会自动发送预警信息，提示采购部门及时补充货源，避免因缺货影响生产和销售。

（2）有效期预警

对于具有保质期的商品，系统能追踪每个批次的商品有效期，并在临近过期时发出预警，指导管理人员优先出库即将过期的产品，降低滞销和损耗风险。

（3）拣货效率预警

如果仓库内部拣货、包装或出库效率下降，比如超过平均处理时间一定比例，系统可以启动作业效率预警，帮助管理人员找出流程瓶颈并加以改进。

（4）设备故障预警

基于物联网技术，当仓库内的搬运设备、温控设施或其他硬件设备可能出现故障或性能下滑时，系统可以通过数据分析及早预警，确保及时维护，防止生产中断。

（5）订单延迟预警

若订单处理时间超出承诺的服务水平，系统可自动提醒相关人员关注，及时调整资源调度以确保订单按时完成。

通过数智化自动预警体系，仓储管理者可以实时掌握仓库运营状况，迅速响应变化，有效预防潜在问题，提高整体运营效率和客户满意度。

10.3.4 流程自动化与优化

引入自动化立体仓库系统、自动化拣选系统、AGV等智能装备，优化作业流程，提高仓储作业效率，降低错误率和延误率，主要体现在以下几个方面。

（1）自动化作业流程

采用先进的自动化设备和技术，如自动化立体仓库系统、自动化拣选系统、AGV等，替代或辅助人工进行入库、出库、拣选、上架等重复性工作，减少错误率，提高作业效率。

（2）智能仓储系统集成

通过仓储管理系统与其他系统（如ERP、MES、TMS等）无缝集成，实现订单处理、库存更新、任务分配、作业调度等全流程自动化，减少人工干预，提升作业连贯性和准确性。

（3）智能路径规划

在拣选和搬运过程中，通过智能算法自动规划最优的行走和拣选路径，缩短作业时间，提高拣选效率，降低物流成本。

课后思考题

1.常见的仓储绩效评价指标有哪些？

2.常见的仓储绩效评价方法有哪些？

3.如何利用实时监控与数据采集技术进行仓储绩效评价？

本章课件